"十三五"国家重点出版物出版规划项目
新汉译世界高等教育名著丛书（第一辑）
丛书总主编　李子江　张斌贤

美国大学的问题

[美]丹尼尔·柯尔特·吉尔曼（Daniel Coit Gilman）著
兰玉　译　邓磊　校

浙江教育出版社·杭州

总序

20世纪90年代，浙江教育出版社出版了由王承绪先生主编的“汉译世界高等教育名著丛书”，在学术界产生了重要影响，丛书所收录的著作至今依然是高等教育学等相关学科学习和研究必备的学术文献。本世纪以来，多家出版社相继推出了多种高等教育著作译丛，例如“京师高等教育译丛”（北京师范大学出版社）、“国际高等教育译丛”（中国海洋大学出版社）、“世界高等教育研究名著译丛”（教育科学出版社）、“美国研究型大学探索译丛”（河北大学出版社）、“高等教育与全球化丛书”和“北大高等教育文库·大学之道丛书”（北京大学出版社）等。一些教育著作译丛虽然并非以高等教育为主要内容，但也包含了部分高等教育的译著，例如“影响力教育理论译丛”（华东师范大学出版社）、“非洲教育译丛”（浙江大学出版社）等。

国外高等教育著作的译介不仅满足了我国高等教育决策者、管理者以及公众了解其他国家和地区高等教育发展历史与现状的需要，而且有力促进了我国学者对高等教育的研究。只要将20世纪90年代高等教育研究状况与当下进行粗略对照，就可以清楚地看到我国20多年来高等教育研究的长足发展。这其中固然有诸多原因，但不可否认的是，广泛和充分吸收其他国家高等教育研究成果是一个非常关键的因素。同样不可否认的是，大量高等教育译著在其中发挥了不可替代的重要作用。

众所周知，中国现代高等教育机构和高等教育制度的建立是西学东渐的产物，迄今已逾百年。但是，由于种种原因，我国高等教育真正稳定发展的时间不过数十年。对于高等教育这样复杂的事业而言，几十年的经历实在是过于短暂了，而基于这些有限经验形成的认识则更具局限性。在当代社会急速变革的条件下，高等教育发展及其与社会的关系日趋复杂，如何合理认识高等教育的内在本质与职能，如何科学把握高等教育发展的方向，如何妥善处理高等教育内外部各种关系，更需要非同寻常的智慧、远见和胆识。而要拥有这一切，学习借鉴其他国家的实践经验，尤其是主导这些实践的思想观念，是必不可少的重要环节。

从更大的方面说，高等教育机构自建立之日起，就与文化传播、交流结下了“不解之缘”。不同文化教育之间的交流、相互影响始终是推动高等教育发展的重要动力。古希腊的学园对古代东方高等教育机构的借鉴，古罗马对希腊文明的吸纳，文艺复兴后欧洲各国在学术研究等方面的相互影响，尤其是近代以来，文化、学术、教育的交流在促进不同国家高等教育改革发展中的作用日益广泛、显著和重要。在一定意义上，一段高等教育的历史，同时也是不同文化、学术交流不断开展、推进和深化的历史。作为文化教育交流的重要途径，译著始终是这段历史的重要组成部分。

为适应我国高等教育改革发展的新形势，进一步丰富我国的高等教育研究，浙江教育出版社决定在已有基础上继续推进国外高等教育名著的译介，出版“新汉译世界高等教育名著丛书”。

从书将按专题分辑出版。

丛书第一辑收录美国十二位著名大学校长的主要教育著作。他们是：哈佛大学校长埃利奥特（1869—1909年，任职期间，下同）和洛厄尔（1909—1933）、耶鲁大学校长波特（1871—1886）、密歇根大学校长塔潘（1852—1863）、约翰斯·霍普金斯大学校长吉尔曼（1875—1902）、哥伦比亚大学校长巴纳德（1864—1889）和巴特勒（1902—1945）、布朗大学校长威兰德（1826—1855）、芝加哥大学校长哈珀（1891—1906）、斯坦福大学校长乔丹（1891—1913）、克拉克大学校长霍尔（1888—1920）、纽约大学校长布朗（1911—1932，1906—1911年曾任美国联邦教育署署长）。

19世纪后期至20世纪前期是美国高等教育发展的关键时期。在这个时期，美国高等教育实现了从传统学院向现代大学的转变，完成了以学术职业化为核心的“学术革命”，建立了较为完整的高等教育制度，从而开创了“美国教育史的新纪元”。[1]

在这个前所未有的重大变革过程中，一个非常独特的现象是，在一个不太长的时期内集中出现了一批著名的大学校长。他们之所以著名，并非仅仅因为他们任职于著名的大学（事实上，在那个时期，至少与欧洲的古老大学相比，美国大学大多并不“著名”），而在于他们高瞻远瞩、审时度势，在于他们富有管理智慧和教育素养，更为重要的是在于他们有着高尚的人格、坚定的信念和远大的志向。正是在这些校长的努力下，哈佛大学等原本较为知名的大学“旧邦新命”，焕然一新；一些原本不知名的大学从平庸走向卓越，成为世界著名学府，美国由此开始成为世

① 劳伦斯·维塞. 美国现代大学的崛起[M]. 栾鸾，译. 北京：北京大学出版社，2011：1.

界高等教育强国。罗杰·盖格称这些校长为“巨人校长”，他们开创了美国高等教育史上独一无二的“巨人校长时代”。①

迄今为止，除克拉克·科尔、德雷克·博克等少数几位美国著名大学校长的著作之外，国内尚未有对美国大学校长著作的系统译介。“新汉译世界高等教育名著丛书”第一辑收录的这十二位校长的著作集中反映了他们关于高等教育的理解，以及他们的办学理念和管理经验。他们的思想和实践业已成为世界高等教育宝贵的精神财富。系统译介这些著名大学校长的教育著作，呈现优秀大学领导者的理念和实践，有助于了解这些校长的教育思想和治校方略，探讨高等教育发展的内在机制与社会保障机制，为我国高等教育的发展提供经验借鉴。我们相信，本丛书的出版将进一步深化我们对高等教育的认识，帮助我们不断学习借鉴世界一流大学的创建、改革实践经验，为推进我国建设世界一流大学的战略提供历史经验和启示。

在丛书第一辑即将付梓之际，我们由衷地感谢浙江教育出版社的大力支持。正是他们的远见卓识和专注于学术著作出版事业的坚定信念，才会有越来越多的学术经典问世。在现行科研评价体制下，学术著作的翻译得不到应有重视，从事翻译主要是出于译者对学术事业的热爱和追求，我们对参与丛书翻译、校对工作的各位同仁表示崇高的敬意。

李子江　张斌贤

2019年12月

① 约翰·塞林. 美国高等教育史（第二版）[M]. 孙益，等，译. 北京：北京大学出版社，2014：120.

译者序

丹尼尔·柯尔特·吉尔曼（Daniel Coit Gilman, 1831—1908），是美国19世纪中后期著名的高等教育思想家、实践家和改革家，是美国第一所研究型大学——约翰斯·霍普金斯大学的创立者。1831年7月6日，吉尔曼出生于康涅狄格州的诺威奇，1848年考入耶鲁大学。1853年12月，吉尔曼以美国公使馆专员的身份出访圣彼得堡。通过游历，吉尔曼不仅开阔了视野，有机会全方位接触欧洲的政治文化、科学技术、建筑艺术以及教育制度，深刻感受到欧洲在教育理念和制度上的先进性，他还广泛交友，结识了大批著名学者和教授，尤其是在英国、法国以及德国的大学参观期间，与他们建立了深厚的友谊。1855年下半年，欧洲之行结束后，吉尔曼回到了美国纽黑文，主持耶鲁图书馆和谢菲尔德科学学院的管理工作。1872年，原本打算在耶鲁大学施展创建新型大学抱负而遭受挫折的吉尔曼接受了加州大学的校长任职邀请，后因该大学根基不稳，他的新大学的创建计划失败，最终于1874年4月8日辞职。1875年1月，吉尔曼接受了约翰斯·霍普金斯大学的校长职务，并用25年时间成功创建了美国第一所真正意义上的研究型大学。1902年2月28日，辞去大学校长职务的吉尔曼当选为卡内基研究所主席，继续致力于推进高等教育和研究工作，直至1908年在家乡诺威奇去世。

《美国大学的问题》一书，实为吉尔曼关于美国高等教育的演讲集。吉尔曼针对当时美国高等教育问题，在不同时间、不同地点以不同的身份发表过很多演讲，本书将这些演讲集结成册。纵览全书，可以发现本书所包含的内容，几乎贯穿吉尔曼作为高等教育管理者的全部历程。本书分为十二章，即十二篇演讲，演讲主题可大致分类如下：第一类是有关个别大学的创建和发展史，包括初创期的约翰斯·霍普金斯大学（第一章）、谢菲尔德科学学院（第四章）、初创期的加州大学（第五章）、哥伦比亚大学的教师学院（第九章）、华盛顿与李大学（第十章）；第二类是有关高等教育管理理论的相关论述，包括大学的功用（第二章）、大学的品格（第三章）、大学图书馆（第八章）、美国的高等教育（第十一章）、关于在华盛顿建立美国国立大学的建议（第十二章）；第三类是有关医学教育的专门论述，包括知识和慈善（第六章）、医学的现代发展（第七章）。

本书详细记载了吉尔曼在美国高等教育领域进行的改革实践，全面展现了吉尔曼的高等教育思想。实践方面，通过对第一类文章的阅读，读者能够深入了解吉尔曼的整个高等教育职业生涯在不同时期、不同高等教育机构所开展的改革探索，内容涉及吉尔曼参与创建或主持管理的知名高等学府在初创期的创办背景、发展历程、办学理念及治学举措；思想层面，通过对第二类文章的阅读，读者能够深刻体会吉尔曼对美国大学的特质、功用、管理制度等问题的重新审视和思考。如果说第一类文章能够使读者对当时美国大学的问题形成一定程度的认识，那么第二类文章则能够引导读者对美国大学的问题进行更深层次的理性辨析。除此之外，本书还包含了吉尔曼关于慈善以及医学的论述，与约翰斯·霍普金斯大学医学院的创办和发展相关，从中我们能强烈感受到吉尔曼作为一名伟大教育家所具有的悯人至善之情怀，读后颇受感动。总而言之，针对美国大学的问题，书中有很多针砭时弊、发人深省的观点，值得读者细细体会和学习。在此，基于通译全书之领悟，简单概括作者关于美国大学的一些基本理念。

一、大学的定义（大学是什么）

大学是什么？这是美国19世纪中后期的高等教育思想家和改革家都面临的一个问题，也是美国高等教育转型时期迫切需要回答和解决的一个问题。当时，人们对大学的定义存在各种各样肤浅的认识，也由此产生诸多争议。在这一问题上，吉尔曼通过纵向分析美国高等教育的发展历史、横向比较当时不同类型高等教育机构的性质，明确指出“大学是永久且成长缓慢的机构，是传播高深知识、为年轻人提供高层次教育的场所”；大学的核心要素在于人，即大学的师生、大学的声誉来源于伟大的学者；大学的院系设置应该涵盖和传授一切人类已知的文明成果，大学应时刻关注科技的进步。

关于大学的数量，他认为：“美国需要大学，但只需要少数的几所，并且这少数的几所必须是实力雄厚的大学。将办学资金分散是最大的危险，这样将导致教师被隔离，学者们离开适合他们的领域。一些大学的经费明显不够，却还要勉强开设研究生课程。我们应该将那些有影响力的教授汇集到实力强大的大学，以扩充它的资源，同时只有在确保新大学的实力能够日益强大的前提下，才鼓励设立研究生课程。”由此可见，吉尔曼是精英大学理念的拥护者和支持者。

二、大学的使命（我们为什么需要大学）

吉尔曼将大学定义为传播高深知识、为年轻人提供高层次教育的场所，由此指出对真理自由客观的且不带任何功利目的的探索和追求，是大学成立的初衷和使命。在上任约翰斯·霍普金斯大学校长的就职演说中，吉尔曼明确指出："大学的目标在于自由地促进一切有用知识的发展；弥补美国其他教育机构的不足，并与之保持紧密联系，避免相互干扰和恶性竞争；鼓励研究；帮助学生个体成长，使之通过自己的努力进一步推动科学和社会的进步。"吉尔曼认为"一所生命力旺盛的大学最闪亮的特质，就是它所焕发出来的对知识的热忱"。因此，大学必须是学术自由、治学自由之地。

吉尔曼关于大学使命的思想受到欧洲，特别是德国大学治学理念的影响，但也是构建于对美国现实的充分认识和深邃洞察的基础之上的。他指出："我们的教育机构具有明显的美国特征。没有一个机构能够或者将成为德国的，或者英国的，或者苏格兰的，或者爱尔兰的大学。从其他大陆来的建议、观点作为起源受到欢迎，但是最终它们在美国生根发芽并且成长起来，它们是美国的法律、传统和美国人民希望的产物。它们就像加利福尼亚的葡萄一样，有着同样古老的名字，但是酿出的葡萄酒却带有自己独特的地域风味。虽然口味与产自欧洲的葡萄酒会有些不同，但饮用加利福尼亚葡萄酒同样能增进健康，令人精神愉悦。"

三、大学的功能（大学能干什么）

吉尔曼认为大学的基本功能，在于教育、研究和推动社会发展。教育是大学的一项基本职能，也是大学的义务和责任。在他看来，不论大学承担其他什么任务，它首先且始终是一个为那些已经通过一定的学科训练并为高层次的学习做好准备的优秀年轻人提供最好的高层次教育和专业教育的地方。作为美国第一所研究型大学的创建者，吉尔曼也极为重视大学的研究功能。他相信学术研究可以造就优秀的教师，而教育又可以造就优秀的研究人才；他不仅非常重视促进教师科研能力和学术能力的发展，还经常向人们强调科研有助于提升教学的原则，认为教育功能和研究功能是互补的。

关于大学的社会职能，吉尔曼首先关注的是大学推动社会文明和知识进步的功能。“无论何处，大学和文明都同时发生，而且经常如此，即便在最不完美的社会制度里，人们也同样欢呼文明并为其喝彩。大学意味着最高级的学校，文明意味着人类的最高福祉。”在吉尔曼看来，“学院和大学就像是海岸上的灯塔和救生站。它们将过去的知识用于解决当前的混乱与困惑，减轻身处危难中的人们的疾苦，提出解决问题的途径和方法，使人们增长知识和智慧。灯塔的维护者并不负责驱散笼罩在海岸上的迷雾和怒吼的暴风雨，也不为船只提供航海图、罗盘、路线或货物，但却是暗礁与岩石的提醒者和指示者。暴风雨越猛烈的地方，灯塔的作用就越为重要，通过它的光线指引海员们将船只驶入安全和平静的港口”。另外，吉尔曼倾向于从整个社区和国家的角度来分析和考虑大学服务社会的目标，“创建和推进一所大学的发展，无论对大学所在的社区还是对具体个人而言都是一项前所未有的崇高而重要的任务”。他始终坚信，“大学的学习本身有利于正直、无私的精神品质的提升，有利于信仰的养成，换句话说，这种影响与享乐主义和物质主义相反。信仰也有潮汐，时涨时落，如同海洋；但是大洋就在那里，藏着深处的奥秘，不管表面如何惊扰，内里恒常不变。所以不管如何波动，信仰都和知识一样，永远存在于人类的思想之中”。

综上，在长期的高等教育职业生涯中，吉尔曼形成了较为全面、系统的大学思想，并开展了卓有成效的改革实践，尤其是将约翰斯·霍普金斯大学创建为美国第一所真正意义上的研究型大学，这个巨大的成功使吉尔曼成为永载美国高等教育史册的人物。19世纪是美国高等教育重要的转型和大变革时期，毋庸置疑，《美国大学的问题》是该时期的一部重要高等教育文献。我们从中不但能系统研究吉尔曼高等教育思想和实践，更能了解当时美国高等教育改革和发展的实际状况。这有助于我们客观把握19世纪美国高等教育的历史发展演进过程，同时也能以史为鉴，引导我们对当下我国乃至世界高等教育领域的问题进行思考，进一步探讨大学改革的合理路径。

CONTENTS

目录

第一章

初创期的约翰斯·霍普金斯大学

就职演讲

巴尔的摩，1876年

约翰斯·霍普金斯大学由巴尔的摩商人约翰斯·霍普金斯先生捐资创办。约翰斯·霍普金斯先生于1873年12月辞世，他将大部分财产遗赠世人，一所大学和一所医院得以创建。由其资助创建的大学于1876年开始招生，医院于1889年开始运营；另有一所附属医学院于1893年秋季正式组建完成。

约翰斯·霍普金斯大学的首任校长丹尼尔·吉尔曼先生，在1876年2月22日发表了如下演讲。

此刻，大家聚集于此，异口同声地表达我们最真挚的心声，那就是我们对约翰斯·霍普金斯先生的馈赠深怀感恩之念。

先生的善念广博、伟大、哲明，先生的善举已经让我们身心受益，这唤醒了我们内心的赞叹和钦佩之情，对此我们将永生感激。

关于约翰斯·霍普金斯先生，我所能告诉你们的就是：巴尔的摩的市民对先生十分了解；巴尔的摩的市民会铭记先生的丰功伟业、远见卓识和聪明才智；巴尔的摩的市民亲身感受到先生的刚直不阿和言必信、行必果；巴尔的摩的市民能忆起先生的真知灼见、拼搏进取，以及先生对我们城市和国家的美好未来所抱有的坚定信念，当然也不会忘记在经济困难时期先生不止一次地为他人慷慨解囊；巴尔的摩的市民对先生施行善举的动机和期望也有所耳闻，那些话应当是先生本人所言；巴尔的摩的市民知道财富越多、责任越大这个道理，但也明白当权者将权力让渡给他人是多么的不易。巴尔的摩的市民们，先生的同胞们，我们都目睹了先生是如何艰苦创业，才创造出如此的财富王国。但是先生并未满足于此，他继续艰难跋涉，将其财富升华，又为我们创造了一个慈善国度。在那里，先生将其所有倾囊相赠，约翰斯・霍普金斯大学得以创建。

此刻，我必须再次表达对先生慷慨大方的崇敬之情，先生的善举惠及这片土地最遥远的海岸，惠及让人心驰神往的学习圣地。如果石匠要为先生塑像，那么请用伯克利的月桂和牛津的常春藤编织成一顶桂冠，镌刻在先生的头顶；因为无论东岸的智者还是西岸的富人，都对先生最为及时、最为慷慨、最为尊贵的馈赠赞赏有加。

美国人民一直保持着乐善好施的社会习惯和交往传统，这构成了美国历史的一篇华彩乐章。从美国大学初创期——一批清教徒创建美国最古老的大学，来自伦敦的商人在新英格兰地区资助创办美国第二所学院开始，美国人一代胜于一代地传承着乐善好施的美德。我想强调的是，霍普金斯家族身处美国慈善事业的先行者之列。霍普金斯家族的缔造者——殖民地总督爱德华・霍普金斯（Eduard Hopkins）先生于1660年自愿创办的学校，以及他对哈佛学院的捐赠，使得先生之名留传于世，影响深远。希望这所大学的创办者约翰斯・霍普金斯先生也能名垂千古，我们的大学能长久享誉世界。约翰斯・霍普金斯先生和爱德华・霍普金斯先生曾经表达过同样的意愿，都希望他们所捐助的学校能够培养服务于未来国家发展的有志青年。

除了物质遗产，霍普金斯家族还一代又一代地继承着祖辈的精神遗产。1676年，霍普金斯家族之名被镌刻在一所位于纽黑文市的受其捐助的语法学校的大门之上，该校比耶鲁学院还要古老，建校时间仅晚于哈佛学院；百年之后的1776年，霍普金斯家族之名又出现在《独立宣言》(*Declaration of Independence*)的殖民地代表签署者名单之中；一个世纪之后的1876年，我们的这所大学又因霍普金斯之名而熠熠生辉。人们对爱德华先生不吝赞美之词，这些赞美之词详细记述了这位殖民地总督的事迹，而且同样适用于我们大学的创建者约翰斯·霍普金斯先生。先生最后的遗愿就是要为自己的私人情谊和公益精神建碑撰文，如此他的朋友和家人就不会被世人遗忘，以确保他的遗产被用于促进宗教事务的发展、科学技术的进步和慈善事业的改进。历史学家还为先生奉上如下颂文：约翰斯·霍普金斯先生的高尚精神和聪明才智不但给当世人民带来了福祉，先生的深谋远虑也使得其馈赠永久造福于后人。

约翰斯·霍普金斯先生的遗产高达700多万美元，其中350万美元捐赠给我们的这所大学，另外350万美元用于创建一所医院，余下的经费捐赠给了本地的教育和慈善机构。让我们将这笔巨款和其他捐款加以对比：30年前，阿伯特·劳伦斯·洛厄尔(Abbott Lawrence Lowell)先生赠予哈佛学院的捐款被公之于众，这笔捐款据说是阿伯特先生有生之年数额最大的一笔一次性捐款，为5万美元；由华盛顿史密森学会妥善管理的詹姆斯·史密森(James Smithson)先生的遗赠捐款为50多万美元；史蒂芬·吉拉德(Stephen Girard)捐赠给慈善基金会的资金也不过200多万美元。

通过上述数据的对比，我们能感受到这是一笔多么巨额的财富，让我们这些志同道合的人走到了一起，共同为实现约翰斯·霍普金斯先生的遗愿而奋斗。据我所知，由先生一人创建的霍普金斯基金从期限和数额上来说，在世界范围内都是无与伦比的。但也要谨防言过其实。有些人认为先生的全部遗产(而非半数)

都捐赠给了这所大学，另有同等数额的遗产捐赠给了医院。所以这些人就对恢宏的校园建筑和丰厚的薪水抱有期待和幻想，然而这些期待和幻想只能是黄粱美梦。请不要忘记，那些更为古老的学院在名望声誉、办学经验、社会影响以及物质条件方面已经积累起来了巨大财富。哈佛大学的固定资产已经超过500万美元；耶鲁大学的资产达到350万美元，与我校接受的捐款等额；据说西北部一所大学的不动产投资超过了500万美元；埃兹拉·康奈尔（Ezra Cornell）先生在世时，希望能够赠予地处纽约州伊萨卡市的学院的捐款至少要接近（如果无法超越的话）哈佛基金。1875年，哈佛大学的创收基金也已超过300万美元，耶鲁大学的创收基金大约为150万美元；但是与牛津大学和剑桥大学相比，以上数额都略显微少。

现在，转而关注一下我们的资本收入。约翰斯·霍普金斯大学的基金每年能产生的财政收入大约为20万美元。让我们将这一数据与美国最富有的两所学院的年收入相比较：哈佛大学1874—1875学年所有院系的学费收入为168 541.72美元，财产收入达到218 715.30美元，合计387 257.02美元；哈佛大学各院系（不包括图书馆、行政管理部门、特殊院系）的财政支出为187 713.2美元，几乎与我们的收入相当。1874—1875学年，耶鲁大学（不包括科学、神学、法律、医学和艺术系）的学术支出达到126 073.56美元。

请注意，约翰斯·霍普金斯大学还无法很快获取收入。而且，由于学校基金不能用来建造校舍，所以，我们需要为此预留一部分财政收入。校舍必须质量过硬，因此，势必造价高昂。如果我们每年从财政收入中抽取10万美元作为校舍基金，积攒到足够的建造经费得花费数年时间。除此之外，相当一部分财政收入还需要用来纳税，支付行政管理费用，购买书籍、仪器和藏品。因此，学校的财政收入目前并不可观，我们必须精打细算。学校的基金受托人对于学校的薪酬标准持开放的态度，但是他们也发现了问题所在，只要做一下简单的除法，这个问题连小学生也能想明白：分母越大，结果越小；薪水越高，学校所能提供的职位越少；知名教师越多，教师个人获得的薪水越少。我希望那些了解大学发展需求、熟知人类科学范围的有识之士，拿起笔来亲自演算验证一下学校的收入能否支撑所有院系的发展。如果他的经历和本人类似，肯定会发现我们的收入是多么的“捉襟见肘”。

上述言论可能有些过于坦率直接，我会注意改正，但是某些“见解开明”的人士总是喜欢对我们这些受托人的工作能力品头论足，他们私下和公开的讲话语意模糊，极易误导那些信任我们、对我们的工作满怀期望的朋友。因此，我们觉得保持谨慎态度是必须的。如果物理学家能提供“阿拉丁神灯”，化学家能提供“点金石”，商人能提供“取之不竭的资源”，那我们的工作方式将不会受到外部客观条件的限制，我们的愿望也将易于实现。然而，在学校的初始基金得到其他途径的捐赠之前、在巴尔的摩经济增长提高当前的投资价值之前，我们都得在有限的条件下开展工作。

对于多数人而言，创始人的捐款额度似乎是其行为价值的评判标尺；事实上，他们的荣耀和赞誉绝非仅仅来源于此。舍己为人是一种崇高精神，约翰斯·霍普金斯先生的馈赠不附带任何烦琐条件或个人偏好。赠款受托人不受任何约束和限制，这笔赠款既可以用于发展慈善事业，也可以助力科学发展。因此，我们可以自由制定工作原则、使用方法、分配收入，可以自由选择教授、自由招收学生，甚至能随时改变计划。

约翰斯·霍普金斯先生选择他的至交作为基金受托人，他确信这些受托人没有特殊的宗教偏见和政治立场。在我们这片土地上，几乎所有具有一定影响力的教育机构要么是为教堂“服务的，要么是为政府“服务”的，容易受教会或政治所控。就是在这片土地上，在先生的培植下，约翰斯·霍普金斯大学这样一所新型大学才得以“萌芽生长”。它不是教会或国家任何一方的庇佑者，但将会为宗教事业和国家社会的发展服务。这是先生的夙愿，也是我们的夙愿——我们的大学将是一方学习的净土，在这里学生们不会热衷于讨论宗教派别之间的分歧或是政治派别的偏见，取而代之的是对知识和真理的孜孜以求。就像古代的侍臣和佃农的儿子脱下典型的传统服饰，转而换上代表学术水平的方帽和长袍一样，学生们成长为学识渊博的学者是对我们唯一的褒奖。

我们的大学还有另外一个优势。它建立在一座大城市之内，所在州历史悠久，所处城市毗邻美国金融和政治中心，还有纵贯南北、横跨东西的美国国家铁路干线交汇于此。如此优越的地理条件，肯定会为学校的发展带来积极影响。而且，巴尔的摩也为约翰斯·霍普金斯大学的创办做好了准备。这里的法律、医学以及神学职业学校已经吸引来了大量学生。马里兰学院已经为学生提供了一定程度的实用科学的教育。热爱自然科学的人们也汇集于巴尔的摩的一所学院，只需要一笔捐款它就能和其他地方的同类型学院相提并论。巴尔的摩以开放和包容驰名海内外，它拥有两所知名的女子中学和一所城市学院，这些教育机构组织有序、教学优良，受到各方广泛支持，这就使得我们可以从“学院”性事务中解脱出来，转而专注于与之截然不同的“大学”事务。巴尔的摩还拥有很好的私立学校。我们的城市藏有非常优秀的绘画作品，并为人们提供难得的音乐学习机会，无论你把它看作一门科学还是一门艺术，都能从中受益。除此以外，预留出125万美元作为永久性文化教育发展专项经费的乔治·皮博迪（George Peabody）基金现在已经度过了艰难的初创期，并在美国各地需要投资基金的重要机构中占有一席之地，影响力越来越大。而且，巴尔的摩图书馆在美国出类拔萃，并非因为其藏书数量巨大（大约6万卷），而是因为图书馆择书有道，将世界上最为现代和实用的出版物汇集于此。

约翰斯·霍普金斯先生创设专属基金建造医院，为此我们的大学将设立医学院，这给我们带来的发展优势显而易见。即便如此，见识广博的有识之士都有可能低估它的价值。如果这笔数额巨大的医院建设基金（350万美元）仅仅被用来减缓病痛、改善健康状况、延长寿命，人们理应为此欢呼雀跃；但是，当这笔基金和一所大学发生关联时（一方面它可以掌控所有医学资源，另一方面我们可以聘请才华出众的教师将医疗经验传授给学生），它的效力和影响力就会倍增；因此，经过我们的培养，医疗护理工作势必会有所改进，人们的伤病必然会得到有效的预防和治疗，对此我们深信不疑。

约翰斯·霍普金斯大学的最后一点优势在于其创建占尽天时。我们着手创建这所大学之时，美国业界关于发展高等教育的目的、方法、缺陷以及可行性的讨论已经持续了二三十年；专业人士已经开展了大量的教育实验，其中一些实验卓有成效，有些则未必；很多研究成本高昂的教育改革探索也已完成，从中我们吸取了教训或者承受损失；功绩卓越的大学校长们如杰弗逊（Jefferson）、诺特（Nott）、威兰德（Waylard）、昆西（Quincy）、阿加西斯（Agassiz）、塔潘（Tappan）、马克·霍普金斯（Mark Hopkins）、伍尔西（Woolsey）虽已卸任，但是他们鞠躬尽瘁，在各自事业中做出的英明决断让后人受益匪浅。他们的继任者埃利奥特（Eliot）、波特（Porter）、伯纳德（Bernard）、怀特（White）、安杰尔（Angell）和麦考士（McCosh）同样出色，且依然活跃于争议不断的教育舞台上。此时，《莫里尔赠地法案》（*Senator Morrill of Vermont*）已经实施了14年，极大地促进了美国科学技术教育的发展。当前，大批富商已经为美国很多高等教育机构的创建捐助了巨额资金，富商阶层捐款助学蔚然成风。

关于教育问题的讨论和争议，并不仅仅出现在美国。在英国，除了许多当地特有的教育议题以外，类似的共性问题也一直存在：如何使教授职位重新获得被过多的学院教学事务剥夺的尊严和影响力；如何使所有的大城镇发展都或多或少受到大学的影响；现代科学技术如何在古典学术科目深受重视的大学中获得更多的认知和共识；学术机构如何摆脱宗教束缚；如何通过当地的招生考试制度改革，促进大学预科学校的发展，或者确保那些不能进入大学的年轻人也获得应有的培训和教育；大学如何为与“旧职业”截然不同但又受同一文化影响的现代职业提供人才储备。

在法国，自大革命以来，人们对于发展大学教育的热情还从未像现在这样如此高涨。我不发表个人观点，只想提醒大家关注法国国会曾通过的著名法案，这一法案摒弃了国家基金会的排他性，宣称大学教育是免费的。那些自认为一直受到严苛法律限制而被剥夺某些权利的人获得了进入新机构学习的机会，慈善捐赠则可以帮助那些被罗马天主教会中断学习的知识分子重获学习机会。

德国似乎总能找到解决本国教育问题的方法。根据德国解决大学教育争端之道，我们也能感受到德国人思维的缜密透彻、对所有细节都追求完美的欲望以及哲学天赋。在效仿德国解决教育问题的过程中，我们必须保持警醒，以防精华和糟粕并收。现在，一些教育学者已经在质疑施行多年的德国“实科中学”教育体系是否合理，多少有些变化的“文理中学”是否应该成为那些追求更高学问的人们的求学之所。另一些教育学者则质疑，除了大学以外，仍然保留专科学校、农林矿等职业学校是否是正确举措；对所有的高等教育机构实行中央集权式管理是否会更好。还有一些教育学者声称，他们确信学生们在接受“文理中学”的训练后进入大学学习科学技术知识并借此为所谓的现代职业做好准备，比在“实科中学”和专科学校接受职业训练要好得多。所以，在他们看来，职业技术学校的价值被夸大了。

我只想顺便提及人们关于教育问题的争议，因为展开讨论的话，非一时半刻所能尽述。事理越辩越明，无论是在欧洲还是在美国，最激烈的教育争论都存在于最为进步和开化的教育机构之中。现在我们身负建设约翰斯·霍普金斯大学这一神圣使命，理应善于观察、勤于思索，最重要的是要保持谦逊。在建设约翰斯·霍普金斯大学的过程中，政府规划应力求审慎周密，公众对大学的心理预期也应该合情合理。

此时此刻，美国人正在为其他国家和地区（东京、贝鲁特、埃及、夏威夷群岛）高等教育的创办和发展解囊相助。每念及此，我们就更应该谨言慎行，因为世界上最古老的民族和距离我们最遥远的国家都将我们奉为楷模。

那么，创建约翰斯·霍普金斯大学的意义何在？我们的所作所为是为了一种更好的社会状态的达成，它将有助于人们提升对于知识价值的认同感、有助于人类知识的增进和道德的改观，它将向人们揭示自然运行、万物生发的规律；我们的所作所为意在减少穷困人群所遭受的苦难，消除人们对于学校教育的漠视以及人类社会存在的宗教偏执、伤病痛苦、商业欺骗和政治愚行；意在促进科学知识的教习和艺术素养的培育，确保人们财产的安全和健康状况的改善，弘扬传统社会美德，提升人类立法智慧；我们的所作所为将改变社会面貌，使社会充满智慧、幸福和信仰。

现代社会的高等教育机构可以分为以下五类：大学，学会和学术团体，学院，职业学校，博物馆、美术馆和图书馆（收集、保存很多文学书籍和科技藏品）。重要的是，要区分清楚这些机构的基本教育理念。

大学是对那些已经在中学接受过训练并做好了知识准备的年轻人施以高等教育或专业教育的场所。在不同国家，其形式各异。牛津大学、剑桥大学与苏格兰的大学不一样，与北爱尔兰的女王大学更不同；法国的大学与德国的大学也无相同之处；而典型的德国大学彼此差异同样很大。虽然这些大学的组织形式和管理方法各不相同，但是教书育人、自由研究始终被认为是大学的基本职能。学生在选修和学习课程时，应明智理性、成熟稳重。

学会和学术团体（法兰西学院及其五个学术机构和伦敦皇家学会是典型的例子）是博学之士的聚集地，其成员具有真才实学和一定的道德声望。这些博学之士聚集于此，互教互学，相互切磋，并不时发表专业论文。大学也是博学之士的聚集地，但与学会和学术团体相比，其维系博学之士的方式从根本上来说有所不同。在大学中，教学是根本，研究是关键；在学会或学术团体中，研究绝对必要，但学费却鲜少有人提及。

一般情况下，学院意味着限制而非自由，意味着个别辅导而非教授言传身教，意味着在指定范围内生活，会让人想起小礼堂、食堂和日常检查。理论上，学院不会为学生提供自由广阔的天地，但这些却是大学得以建立的基础。

职业学校的教育理念就是为从事某种职业做准备，而非传授自由文化。它们的职责是传播对于从事某种职业有用的知识，甚至将此作为教育动机，为学生将来能够胜任某种职业提供特别的训练和教学。

博物馆、美术馆和图书馆（其中大英博物馆最为壮观）确实与我们上述所列的机构有着一定的关联，但它们通常是独立存在的，并履行着双重职责：收藏艺术、文学和科学的瑰宝，同时向人们广泛传播生发于人类艺术、历史和科技发展的文化种子。

因此我们要说的是，学会和学术团体促进了最渊博的学者间的智慧碰撞；大学支持高层次学生在通识和专业方面的文化发展；学院培养有志青年，供给他们足够的知识；职业学校则为从事特定职业的人提供充分的准备；博物馆、美术馆和图书馆提供学习材料，应世所需，雅俗共赏。

当前，显而易见的是大学并未与其他四类机构兼收并蓄。但我要告诉大家的是，其他四类机构应该以大学为中心，相互并存。在巴尔的摩，迄今为止我们已经创办了学院、科学学会、职业学校和图书馆，独缺一所大学。如今，这所大学正式成立。

事实上，我们大学的基金会可以采纳约翰·加尔文（John Calvin）为《日内瓦学会章程》（*Academy of Geneva*）所作的序言："迄今为止，神已赋予联邦如此多且卓越的成就，为了更进一步，我们仍需学习别国经验，为年轻人提供良好的艺术及学科的教育，尽管存有很多阻碍。"

但是，我也希望我们能够斟酌伊拉斯谟（Erasmus）在牛津大学所说的话："真正让人叫好的是，古老的卷宗在牛津大学熠熠生辉；其中蕴藏着渊博的知识，不论是希腊语还是拉丁语，这些知识不是平常、琐碎的，而是深奥、准确且源远流长的。"

在美国，最早的高等教育机构是学院，而非大学。本世纪早期的学者毕业时的年纪，和现在入学的年纪相当。我们也正在积极做好大力发展大学教育的准备。哈佛大学以令人钦佩的胆识，从根本上摒除了"学院性"限制，将文化自由引入大学；耶鲁大学保留了其完整的学院时期的课程，但增设了科学学院并创办了强有力的研究生院；密歇根大学以及康奈尔大学很早就采纳了大学制度，并已经赶超了许多建校时间更早的高等学校；弗吉尼亚大学自建立伊始，便一直秉持迥异于学院的办学理念办学。整个国家对于大力发展大学教育的呼声高涨，当然，发展大学教育并非取代学院制度，而是作为其有益的补充。

创办大学是时代所需，弄明白大学在基本教育理念上和其他教育机构的区别是十分重要的，但同样重要的是我们需要对大学的特有职能、大学的治理组织方式、大学的发展优势、大学教育已经解决和仍未解决的问题形成清晰的理解和界定，并充分认识到大学教育对我们的国家、我们的时代所能起到的重要推动作用。因此，我们还需不断为本国高等学校的繁荣发展作贡献，在新的世纪里为国家的教育事业添砖加瓦。

当然，保持教育观点和理念的多样性，比仅仅强调大学教育重要得多。事实上，现存的大多数教育机构都不可能推倒重建，我们需要做的只是重新调整。"传统和条件"限制了这些教育机构的发展，这只是一句玩笑话。但无论实际困难如何，在很多理念性的原则问题上无须过多争论。我们需要做的是接受既定事实，摒弃过时做法，研究争议问题，急事缓处，否则欲速不达。

那么，我们是否已经解决大学教育的所有问题了呢？当然，大多数问题已经得到解决。而且，我们已经在很多问题上达成了共识。

下面所列的关于大学教育的12个要点，即我们已达成的共识。

1. 所有的科学都值得推广精进。换言之，争论文学和科学哪个更值得关注，抑或是争论传统学科教育和新学科教育之间是否存在本质差别，都是毫无意义的。

2. 宗教无须畏惧科学，科学也无须惧怕宗教。宗教是神的代言人，而科学则是世界运行规律的揭示者。宗教让人不问缘由地执迷，甚至迷惑，犯错，但真理是永恒不变且让人信服的。

3. 眼前利益和长远功效都值得我们考虑。那些总是期望明天就有所回报的投机者，并非是最聪明的人。有时候我们得派商船漂洋过海，完成周期长、成效慢但最终大有所获的投资。如果将科学的发展和进步看作一项投资，大抵亦是如此。

4. 客观条件所限，任何大学都不可能平等自由地、一视同仁地鼓励和支持所有学科的发展，智慧的管理者需要依据特定时期、特定人群的需求做出选择。没有绝对的优先标准。某时某处重要的东西，在他时别处可能就没那么重要了。

5. 学生们不可能通学所有专业，因而需要在专职顾问的指导下做出选择。教授不应循规蹈矩地教学。教师和学生在工作方法和学习方式上，应享有很大的自由度。背诵、演讲、考试、科研实验、图书馆查阅资料、田间作业和旅行都是合理的传播文化的方式。

6. 最优秀的学者，通常是那些为某种广博的文化的传播和发展奠定基础并取得卓越成就的人。

7. 最优秀的教师，通常是那些思想自由、能力出众，且愿意在图书馆和实验室进行原创性研究的人。

8. 最优秀的研究者，通常是那些同时承担了一定的教学职责，并受到同事认可、学生支持和公众关注的人。

9. 大学在授予学位时应庄重谨慎，在为社会发展谋利时应慷慨大度。

10. 大学不是一天建成的，大学向前发展的过程缓慢长久。柏林大学被认为是一个特例，它取得成功的确用时较短，那是因为它建立在一个古老且干练的国家，这个国家遍布渴望得到普鲁士王室赞赏的博学之才。因此，柏林大学绝非突然冒出来的空中楼阁，其成功有自身的基础和条件，其他学校无法效仿。

11. 大学的目标是发展人的个性，培养全人。如果大学培养出只知读书的学究、只懂手艺的工匠，或是狡猾的博学者、虚伪的实践者，那么它就偏离了航向、违背了初衷。大学教育的目的不在于将知识传授给学生，而在于激发学生的求知欲，向学生传授学习方法，发展学生的能力、培养学生的批判性思维，提高学生的知识水平和道德修养。大学应为社会服务做准备，培养一批在任何工作部门都能发挥其聪明才智并起到引领作用的学生。

12. 大学发展易囿于墨守成规之境，我们需要常做常新、与时俱进。

如果这12个要点都获得认可，那么我们的工作就简单多了，尽管当前仍然困难重重。但令人感到高兴的是，这些理念即将在巴尔的摩得以应用。

考虑到文学与科学之间的相对重要性、宗教与科学之间存在的冲突、抽象的教育理念和由此产生的实际功效之间的联系，我们试图在开展大学建设的过程中消除各种争议和冲突。我们的目标很简单，那就是培养出博学多才、能为社会所用、真率诚挚的学者。

创办约翰斯·霍普金斯大学，我们会面临同样的问题：这所大学将开设哪些专业？设置哪些学科？我们这些受托人需要从最基本的事务做起，再逐步处理附属性事务。

我们首先要建立语言学系、数学系、伦理学系、历史系和科学系，这些系别通常可归入哲学院。医学院将在不久之后组建；法学院也将如期建立；目前来看，不会组建神学院。

我在不久前看到了一条关于青年教养的古训。古训云："五岁学习《圣经》(*Scriptures*)，十岁学习《密西拿》(*Mishna*)，十三岁学习《塔木德》(*Talmud*)，十八岁成婚，二十岁获得财富，三十岁进入盛年，四十岁慎思笃行，诸如此类，直至生命终结。"大学的发展历程，大抵和青年的成长历程类似。所以，我们先从最基本的事务入手，随后处理相对重要的事务，寻求更大额度、更大范围的教育捐赠，在我们的大学发展到一定程度后，再考虑提升影响力等其他因素。

在创办学院时首先要考虑的是，我们应该提供为社会发展和当今知识分子所需要的知识：我们必须提供古典语言以及现代语言知识、必须提供理论数学和应用数学知识、必须提供自然科学和物理科学知识，这些都理所当然。但是，如果我们仅仅完成这些工作而不做更多的探究，是不可能进一步丰富我们的教育资源的。我们必须向自己提出其他问题：美国高等教育当前忽视了哪些特殊的学科知识的教习？我们能够做些什么？我们需要遵循何种秩序来开展工作？

这些问题需要进行深入的思考，答案必然建立于多方面的条件之上，解决方案也必然需要经过多次商议后才能确定。一方面，我们要引导教师发表意见；另一方面，我们要弄明白社会的迫切需求。

现在，我们关注一下美国的医学教育问题：我们的医学教育设施与欧洲大学的那些设施相比，相对陈旧落后；我们的医学院受捐经费不足，学费制度存在严重弊端；一些学校的学生攻读医学博士学位所需的时间，仅相当于攻读文学学士学位所需时间的一半；美国的普通人和国际上的医学专业人士都将美国的医学文凭视为白纸一张，而我们的庸医们却趋之若鹜地吹嘘自己的文凭；我们的医学专业期刊论文质量低下；如果我们想改革重组美国的医学教育，必然会困难重重。很显然，教育界必须有所作为。但是，当我们转而关注事物的另一面时，我们发现美国的医学发展成就斐然：我们有可敬可爱的医师传授内外科知识；我们也建立了很多知名的医院；我们的医生在外科医疗方面有了不起的创新和发现，如发明制造了精密的医疗器械；我们的医生技艺精湛、妙手仁心，在“战场”上救死扶伤；我们制定了值得称赞的措施以促进医疗卫生事业的发展，近年来为医学教育制度改革做出的努力也获得了成功。每念及此，教育界人士理应对未来充满信心，我们有理由期盼医学院和其他院校一样获得更加慷慨的捐赠，我们的医学教育也将可以和任何其他国家的医学教育相媲美。

约翰斯·霍普金斯大学也将创办医学院。这项工作在大学组建后的较长一段时间内无法完成，但在我们的附属医院成立之前将会开展落实。在此期间，我们需要为医学院的创办做好规划。

与此同时，我们的大学可以为专业的医学生学习提供先修性质的教学和指导。医学院的学生们都不愿意学习普通科目。查看一下课程表可以发现，常规的经典课程或学术课程对于他们而言毫无吸引力。因此，专门为医学院学生开设的先修课程值得推介。纽黑文市谢菲尔德科学学院开设的课程最为典型，该课程使得学生的手、眼、脑同时得到训练，为后期的医学学习做好准备。课程教学活动包括：在化学实验室、动物学实验室和物理实验室进行大量的动手操作；学习生命的解剖学、生理学和病理学知识；学习物理学和机械学、天气和气象规律的基本知识；调研疾病的地域分布等内容。除此之外，该课程还要求学生熟练掌握法语和德语，以便了解欧洲的医学发展情况；同时提供拉丁语教学，以满足专业发展需求。换言之，在我们大学的学科规划中，旨在针对物种生命开展研究的生物科学应占据突出位置。

伦敦大学的赫胥黎（Huxley）、牛津大学的罗尔斯顿（Rolleston）和剑桥大学的福斯特（Foster），这些声名卓著的教授已经开始讲授生物科学课程，德国的顶尖大学也都开设了类似的课程。这些都值得我们学习借鉴。这将有助于我们培养自然主义者，尤其是医生。等到我们准备着手创办医学院的时候，就能聘请到一批立志于投身医学教育事业的优秀学者。

组建完成的医学院，其教学研究活动的开展不应依赖于学费收入，这样我们给学生授予文凭时就可以严格把关，那些不具备毕业资格的学生就没有理由以学费为说辞向学校索要文凭。这样，约翰斯·霍普金斯大学的文凭含金量就能得到保障，学校的声誉也会获得肯定和认可。

医学、生物科学强调的是人与生命、人与自然之间关系的探索，除此之外，大学还应开展人与社会之间关系的研究及相关知识的教学。具体内容包括语言、法律、行为、道德、宗教以及文化和艺术遗迹中展现的人类历史；包括法理学和政治经济学在内的社会治理知识；关于立法、税务、财政、犯罪、贫困治理、市政管理、公共道德、个人隐私等方面的专题研究和教学；涵盖了民法、国际法、制度史等知识，即所谓的人类文明史。仅通过某些著名时事评论家所说的言论即可断定，现阶段我们的高等教育忽视了这些知识内容的传授。我们需要接受过相关专业训练的人士承担课程的教学工作，而非那些公共事务的决策者们；我们也需要深谙社会制度变革的人士参与教学，他们通过知识学习和道德训练随时准备投身公益事业，他们没有政治偏见，不在乎能否获得一官半职。

美国最有影响力的科学家和那些事业成功人士很多年前就意识到，为了资源开发和国家发展，我们需要对美国国土进行精确勘测，就像英国、法国、瑞士及德国进行的全国地理勘测工作一样。然而，至今这项工作的经费赞助、工作规划仍未确定。现在，政府勘测部门的负责人坦承，勘测工作涉及天文学、测量学、地形学、计量学、地质学、动物学、植物学、经济学等方方面面的知识，要想找到能够高效完成这项工作的合格人选谈何容易。如果我们的大学能够开展相关知识领域的教学和研究工作，那么不仅仅是马里兰州和大西洋沿岸地区，甚至整个国家的未来发展都将受益。

还有一个工程专业也值得我们特别关注。在我们这个城镇化迅猛发展的时代，每个聚集了15 000或20 000人口的城镇，都需要合格的工程师为城镇的发展服务。这些工程师除了接受常规的数学训练外，还需要知道如何将这些数学原理应用于市政事务，如绘制精确的地图，确定排水方式，修建城市道路或林荫道，建造游乐场、码头、港区、煤气厂、公共建筑、纪念碑和集会场所等。这些都属于城市工程或市政工程，从概念上来讲与土木工程是有区别的，土木工程所指更为笼统。要想从事以上列举的那些城市或市政工程的建设工作，需要经过系统学习和精心准备。

另外，建筑学专业与城市工程或市政工程专业联系密切。但是据我所知，在我们这个城市建筑如雨后春笋般拔地而起的国家，现在只有两所学校开设了相关专业。

我毫不怀疑，我们开展的工作和付出的努力，将会使约翰斯·霍普金斯大学成为教授和教师追求最高学术成就和学术荣誉之地；但我同时也希望看到，我们在揭示教育理念、原则和革新教学方法等方面有所作为，最大限度地为那些立志投身于高等教育事业的人士提供资源和服务。

与此同时，在制定规划的过程中我们必须保持谨慎，以免偏离了初衷，致使我们的学校工于技术而拙于治学自由、重于教书而轻于育人。如若犯错，我们创办的就只是一所长于理工、科技的专科学校，绝非真正意义上的大学。

我们将聘用哪些人任教?

公众已经帮我们回答了这个问题，国内外一些蜚声科学或文学领域的学者自然无一不是我们提名教职的对象。其中一些我们必然会争取到，他们的名字也会一一公布。但是根深之大树难以移植，移植到我们的土壤和环境中更是难之又难。我国国民习惯迁徙，但我校教员需定居于此任教。德国素无固定任职于某一院校之传统，且在德国院校任教多有晋升，在我国晋升机会比之则少。聘任外国教师亦有其他困难。他们多数不愿漂洋过海来此任教，其他则因不熟悉我们的语言和习惯而难以受聘。此外，我们大可承认，国外资金雄厚，可提供足够资源，促进文理学科发展，扩大其影响，相比之下我国则资金紧张。因而我们的教师队伍大抵将主要在本国中寻得。

不久前我致信一位著名的物理学家，向其提出这一问题：

“无优秀的教师则无大学，而建成大学方可吸引优秀的教师，这该如何破解?”与你们分享他的回答。他说：“只有对声名卓著的老学者才存在你所说的问题，他们是难以请到的。但是有天分、有才华、有学识、有潜质的年轻人，你却可以聘来。他们该是贵校之砥柱。”

有才华、有潜质的年轻美国人，他们将是我们的砥柱，且是多么卓越的一群人！我们不问他们来自哪个州、哪所院校，抑或哪个教派，只需知道他们懂得什么、能做何事以及在学术上有何抱负。

纵观著名学者传记，在年少时便展现出卓越才能的数不胜数，不禁让人惊叹。16世纪，伊萨克·卡索邦（Isaac Casaubon）在日内瓦、蒙彼利埃、巴黎、伦敦和牛津的学术圈皆赫赫有名，他22岁即任职希腊语教授；同时代，在荷兰莱顿的学者海因修斯（Heinsius）更是在18岁即成为希腊语教授。林耐（Linnaeus）出版《自然系统》（*Systema Nature*）时只有28岁。居维叶（Cuvier）26岁即在巴黎被聘为教授，数月之后又成为法兰西学院成员。研究美国法的法学家詹姆斯·肯特（James Kent）31岁即开始在哥伦比亚大学授课。约瑟夫·亨利（Joseph Henry）开展震惊世界的电磁学研究时也不过30多岁。詹姆斯·丹纳（James Dana）首次发表其伟大的矿物学著作时不到25岁，那时他刚毕业于纽黑文大学4年。再看哈佛大学的名单：埃弗雷特（Everett）21岁任希腊语教授；本杰明·皮尔斯（Benjamin Peirce）24岁任数学教授；路易斯·阿加西斯（Louis Agassiz）来美国任教时不到40岁。50年来，耶鲁学院的发展仰仗三位年轻时即被德怀特（Dwight）博士选中并任命教职的学者，他们是戴（Day）、西利曼（Silliman）和金斯利（Kingsley），三位学者开始教学生涯时分别是28岁、23岁、27岁。弗吉尼亚大学早期也吸引了不少国外年轻学者前来任教。

我们希望建立卓越的年轻教师队伍。任用年轻人是因为他们尚有二十余载的学术生命。我们将按其能力选拔、时常增加薪酬、择优提升职位，从学者到研究员，到助理教授、兼职教授、教授，乃至校聘教授。在此规划下，我们可借鉴英国的研究员制度以及德国的个人教授制度的某些特色，给谋求大学职业发展的年轻人创造合适的岗位，确保他们在等待晋升的同时，在职业起点就获得应有支持。我们的规划不止于此。在其研究领域有至高地位的著名学者若可聘用，一旦获悉，我们便会邀请其加入我校。

我们会从其他院校师资中寻求帮助，至少偶尔如此。多年前，筹划在剑桥设立一所不同于学院的大学之时，皮尔斯（Peirce）教授即提出，各学院应以几年为期，每年的一段时间将自己最优秀的教授派到剑桥大学短期任职，这些教授会因此得到慷慨酬谢以及更好的工作机会，但不应辞去其原来院校的职位。据我所知，皮尔斯教授的方案并未公开，在没有听闻该计划的情况下，约翰斯·霍普金斯大学的受托人制定了异曲同工的方案。他们提议，邀请其他院校的著名教授以几年为期来我校任教，每年指定一段时间任教，在此期间，他们将在教室里公开授课，也将在家中私下授业。

我们将从何处录取学生？

首先在本地，即巴尔的摩乃至马里兰州，然后扩展到附近各州，进而覆盖国内因战争破坏而教育机构受损的地区，之后，视我们所能聘用的师资知名度和我校建设的完整程度，希望我校的影响覆盖全国。

我们招录的学生要达到怎样的水平？他们需足够成熟，从而能从大学教育中获益。具体标准尚未确定，这还取决于我们附近的兄弟院校，各校招生体系不可有大的差距，而我们要位于前列。当下，我们正与城市学院、农业学院和圣约翰学院的相关人士讨论一些事宜，具体生源要求需待有定论后公布。无疑，我校招生标准应与地方要求一致。

我们的校舍当如何？

建校之初，临时校舍位于市中心，宽敞、开放，适于讲座、收藏、实验室、图书馆之用。之后的永久校舍将建在克利夫顿[①]。我希望它不是臃肿的中世纪风格建筑群，而是一系列现代风格的建筑，不重雄伟外观，而重实用功能。目前需要大批实验室，种类繁多，但至少有化学、物理、地质学、矿物学、比较解剖学、生理学、病理学，等等。牛津大学的新博物馆，剑桥大学的卡文迪许实验室，欧文斯学院精良的工作间，南肯辛顿大学的赫胥黎和弗兰克兰新宿舍楼，乃至莱比锡、维也纳、柏林等高等学校的建筑，都可为我们将建的校舍提供参考。我们已经采取措施改造克利夫顿，使其适宜作为大学校址。具体规划尚需时日，但我希望我们都能活到我校建成的那天，我们会看到，学校的楼宇校舍都闪耀着创办人英明、果敢、有力的人格光辉，看看本就美丽非凡、格局完整的校址成为学术的净地，而伫立其中的一座座学习殿堂是如此适宜、真实、坚固，以至于无需任何装饰彰显美丽，同时又能与任何艺术作品相得益彰。

在此，我还不得不提到与我们建立良好关系的机构。已与我校建立和谐关系的有皮博迪音乐学院、国家科学院、城市学院以

① 克利夫顿为约翰斯·霍普金斯在巴尔的摩市的地产，约翰斯·霍普金斯生前要求大学和医学院都建在这块地上。——译者注

及本州和本市教育部门。华盛顿各科学机构也以各种方式对我校——他们在巴尔的摩的新盟友——表示了美好祝愿。随着我校日益成长，我们毗邻首都的位置优势将愈加彰显，史密森学会、工程兵团、海军天文台、海岸调查局、信号服务局、植物园、国会图书馆、国家博物馆、国土测绘院、陆军医疗机构、外科机构以及科科伦艺术馆都位于首都，皆为促进科学、文学、艺术进步之重器。

受托人尚未讨论我校将如何应对女性高等教育这一议题，受托人日后就该问题的结论将很大程度上取决于这一领域的发展趋势。我无权代替受托人发表意见，但就个人而言，我可以毫不犹豫地说，剑桥大学的做法，尤其是对格顿学院的鼓励，似乎可作为解决该问题的好方法，虽然这个问题无论如何处理都存在一定困难。我确信，轻视女性智力的必不在智慧之列，真正有远见的必非剥夺女性受教化机会之人。

我相信，不久的将来，有识之士将会追随皮博迪和霍普金斯的脚步，在这里设立一所“格顿学院”。届时，这所学院将受益于皮博迪和霍普金斯基金会的优势，让学生们可在家乡附近上学，又不必面对男生聚集的院校存在的不良影响——很遗憾，但我们不得不承认，这些不良影响依然存在。我相信，未来巴尔的摩也会有一所如格顿一样的学院。

大学若要长久发展，教师和学者都需享有极大的自由。所谓自由，既包括教授者选用教学方法的自由，也包括学生选学课程的自由。

该自由需基于一些规则，其中两条值得明确、反复申明。一条规定学生的录取——有幸进入我校学习的学生须已经接受过优秀教师长期教导，曾系统、刻苦、长期地学习基础知识；另一条规定教授们的工作——他们需无私投身于发现真理、推广美德的事业，摒弃其他杂念，成为师中典范，增进人类福祉。

美国院校传统上采用四年学制，窃以为我校并无理由沿用这一传统。弗吉尼亚大学素来无此体制；哈佛大学虽名义上没有将其摒弃，但也做了修改；密歇根大学及康奈尔大学也并不以之为规例；英国、法国、德国大学更是对其闻所未闻。规定学制是学院之法，而非大学之风。倘若家长或学生期望我们排好为期四年的所有古典和科学课程，那很容易做到。但据我观察，来我校就读的学生资质各异，在某些学科很是优秀而在其他学科或有欠缺，比如在希腊语、拉丁语、数学上表现很好，而在化学、物理、动物学、历史、政治、经济和其他先进科学课程上学习不足。我会在考评的基础上肯定其已有造诣，并在各学科按照学生个体的学习程度将其安排在合适的位置。研究柏拉图（Plato）的专家在欧几里德（Euclid）研究中可能只是个初学者。此外，我校学生之晋级应基于学术成就，而非学习年限。我会鼓励每一名学生按照自己的节奏前进，是快是慢，皆应基于他们自己脚步的缓急以及可能存在的外部障碍。亦可说，我校将追求学生个体的进步而非班级整体的进步。

大学的影响往往限于其院墙之内，或仅限于其录取名单上的学生，而我校将在以下三个方面把影响力扩展到校园之外。首先，作为一家考评机构，我校愿考评其他院校的学生、学者，授予其学位或其他学术荣誉；其次，作为一家教学机构，我校将对广大受过教育的人士（无论是否为我校学生）开放他们想听的讲座，但有一定限制——要根据巴黎高等神学院对这些讲座的安排进行；最后，作为一家出版机构，我校将鼓励教授和讲师发表研究成果，与世界分享。

说罢细节，让我们再回到整体原则。

我们的目标是什么?

建一所长久的大学；发展循序渐进，影响力始于当地，辐射区域，再覆盖全国；自由地促进一切有用知识的发展；弥补美国其他教育机构的不足，并与之保持紧密联系，避免相互干扰和恶性竞争；鼓励研究；帮助学生个体成长，使之通过自己的努力进一步推动科学和社会的进步。

我们依靠什么?

充足的师资；丰富的仪器、设备、图表、图书和其他研究与教学手段；设施齐全的精良实验室；来自巴尔的摩和华盛顿的额外影响力；资金如此充沛、章程如此自由、方案如此灵活，随着世界的进步，我校可随时调整规划以适应新的要求。

我们的方法?

提供先进的通才教育给有需求之人；为学有所成者授予特殊荣誉；为需要的人提供指定的课程；为特殊的人提供特别的课程；结合讲座、背诵、实验室实践、实地考察和一对一指导等多种教学方法；在符合大方向的前提下给予教师最大限度的自由；最后，我们呼吁当地的有识之士献计献策，助我校一臂之力，弥补我们的不足，让我们的学者无论在社会中、家庭里还是宗教上，都可泰然自处。此等环境，是一家机构竭尽全力也无法尽善尽美地提供的，却充分蕴含在我们这座信奉基督教的开明城市之中，蕴含在家庭、教堂和社会组织中。

建校的伟大事业不只依靠受托人，亦需地方力量的参与。我们的规划无论多么明确，都不可避免要根据开明之士的意见有所修改。所以，请家长和教师们鼓励我州的年轻人，使其有更高的志向；请智慧高明的顾问们继续提出有用的建议，我们定会满怀谢意地倾听考虑；请作家们论及我校时既不吹毛求疵、亦不一味夸赞，或支持、或驳斥、或修正我此刻宣读的纲领；请媒体人士广泛传播我校建成之消息以及我校之所能；也请有力人士以及时的馈赠帮助我校造福一方。

我认为当下在该地区乃至全国，最重要的工作是推广优质中学教育，为学生进入大学做好准备。马里兰州现有中学需做大做强，亦有空间建立更多形式的教育机构。每个大城镇需有一所足够规模的学院或高中，而富有人士能为公众所做的最大贡献莫过于在其所在地慷慨地鼓励对年轻人进行先进教育。劳伦斯·谢里夫（Lawrence Sheriff）捐建的拉格比公学以及伊丽莎白女王建造的威斯敏斯特公学对英国可谓功勋卓著，菲利普斯（Phillips）在埃克塞特和安杜佛捐建的中学为新英格兰带来的价值亦不可估量。

慷慨人士对这所新校的每一笔资助都会使受托人在规划使用现有资金时更加游刃有余。我们受托管理的财产下可设特别基金，用于鼓励特定学科发展、奖励表现优异者，抑或建造校舍。而每一笔馈赠皆会像入伍新兵一般，因置身于有组织、有效率的同伴之列而得到更高效的利用。当今世界瞬息万变，财产动辄损失，而对哈佛大学、耶鲁大学和其他老院校的投资始终无恙，每一美元的馈赠至今仍闪耀着其价值，每忆及此不禁使人备感欣慰。

马里兰州的风土似乎极易催生虔诚、好客、乐善好施之美德。首位巴尔的摩勋爵乔治·卡尔弗特（George Calvert）由马里兰州回到英国后起草了一份宪章，该宪章无论在世俗还是宗教界都被载入史册，流传至今，历史学家班克罗夫特（Bancroft）更是说乔治·卡尔弗特因为制定了该宪章“可被列入自古至今最有智慧以及仁善之心的法典制定者之列”。1776年的自由派中最无畏的当属卡罗尔顿的查尔斯·卡罗尔（Charles Carlo）。考彭斯的英雄约翰·伊格·霍华德（John Eager Howard）慷慨捐助公共事业，同样值得人们感激。生于巴尔的摩的约翰·麦克多诺（John McDonogh），将其财产捐给两座城市，用于对年轻人的教育。乔治·皮博迪早年曾在此居住，晚年回到巴尔的摩捐建图书馆，并开始他的慷慨捐助之旅，成为现代慈善家中的典范。摩西·谢泼德（Moche Sheppard）捐出逾50万美元用于精神疾病的治疗。石匠莱因哈特（Rinehart）成为卓越的雕塑家后，将其所得捐出，用于鼓励其所在城市的艺术发展。目前仍在世的一位巴尔的摩人出资为耶鲁学院设立了一座天文台。而今天我们在此庆贺约翰斯·霍普金斯先生为教育和慈善事业铺下的又一基石。

下面的话我要对巴尔的摩的年轻人说。我年轻的朋友们，上述种种有利条件皆为你们所设。你们将作何回应？你们当中会不会有如迈克尔·法拉第（Michael Faraday）一样出身贫寒却热爱科学的人？我校可如英国皇家研究院一般带你走上科研之路，创造出造福世界的成果。你们中会不会有像居维叶一样的家庭教师或者像阿加西斯一样的牧师之子，心中燃烧着研究自然历史的渴望？你们中会不会有像亚历山大·汉密尔顿（Alexander Hamilton）一样的大二学生，随时愿与人讨论公共财政问题，且急迫地想得到经济学大师的指导？又或者，我们巴尔的摩会不会有像高斯（Gauss）一样的数学天才，3岁改正父亲的算术，18岁进入哥廷根大学学习并解决了从欧几里得时期就使几何学者不得其解的数学难题，77岁时作为当时最负盛名的人物之一离世？如果有此可能，我校的大门向你们打开。聪明的年轻人，欢迎来到这知识的军械库，把自己武装起来。

受托人委员会的诸位先生，你们委派我介绍的建校蓝图，我已介绍完毕。希望我谈及发展机遇时没有过于低调，亦没有任何争强好胜或自吹自擂之语。我过于审慎之处，你们自会乐观以待，因为崇高的目标给我们力量、充足的资源让我们心安；我过于乐观之处，你们自会审慎以对，因为知道尚有更为古老、更为富有、更有经验的院校，我们可学习其经验、寻求其帮助。

诸位提议，教育年轻人是为了服务我州、承担公共生活之责，希望我校永不参与地区、派别或省份间的交恶。现在我对这两条提议再次表示诚恳和完全的认同。

我们的工作开始了。这是一块福地，介于南北之间，至今仍回荡着英雄儿女们的记忆，而世界永不会忘记他们的名字。今天也是有纪念意义的日子，我们共同缅怀一位伟人，他以其智慧和谦虚铸成光辉成就。今年是有吉兆的一年，我们摒弃政治敌意，沉浸于手足之情，沉浸于爱国之情，庆祝一个重新团结起来的合众国。这是振奋人心的场合，马里兰州、巴尔的摩市、远近各学府都向我校表示了美好祝愿，其中我们最欢迎的，是我国最古老院校向其最年轻的伙伴伸出的友谊之手。

那么，朋友们、同仁们，让我们在帕塔普斯科河启航，将帆船驶至未知的海域。愿苍穹指引它的航向，愿这次远航增进人类的福祉。

就座之前，请允许我再说一点个人感想。我的人生截至目前，在两所大学度过，一所充满荣誉、一所充满希望，一所以经验为指引、一所以期望为导向。希望一老一新两座学府的经验能在这里得到融合。我蒙诸位青睐，担任此职，这也是天底下我最愿担任的职位。但同时责任也很艰巨，尚需诸位仁慈的担待。我现在所立之处，几乎可以看见这座城市为之名扬的华盛顿纪念碑，加之今日是其诞辰，我此刻引用华盛顿1789年对巴尔的摩市民演讲的话应不算冒昧，如他当时所说：

“我深知所担之职责任重大，自觉能力不足，须上苍相助才可勉强履行。既已基于责任心承担大任，便不惧任何困难，亦不怕失去拥戴，没什么可阻止我为国家真正的利益而努力。”

第二章

大学的功用

校庆上的讲话

约翰斯·霍普金斯大学，1885年2月22日

约翰斯·霍普金斯大学的工作收到不少评价，这些评价似乎需要我们对我校的原则和目标做新的阐述。该演讲即发表于此时。

创建和推进一所大学的发展，无论对大学所在的社区还是对具体个人而言都是一项前所未有的崇高而重要的任务。这是一项需要审慎、融合、合作、慷慨、查究、耐心，有时要缄默、有时要坚持，还须时刻保持警惕的事业。其中有困惑、有风险，错误几乎不可避免，时刻都面临艰巨的任务。但历史和经验总能照亮问题所在，当建造者们疲惫沮丧，希望和信念总能使他们重燃热情。思及此我不禁动容，因而想与诸位分享以下想法。我在这项事业中的同仁——受托人、教师们——没有你们的努力，这一切都不会实现，还有巴尔的摩的市民们，还有意气风发、将接替教育和行政职责的学生们，我想与你们所有人分享关于大学生活的一些想法，有些方面可能并非新见，但希望以别开生面的话语阐述、从我们自身经历的事例切入。

此刻我请诸位思考大学和文明发展之间的关系。首先，可以认为我们对这两个词的意义已经在很大程度上达成共识。“大学”（university）一词用来指学术组织已有几百年历史，在任何时期、任何地域，“大学”都可指代用于推广知识和年轻人教育的最高级机构。“文明”（civilization）则是一个新词，出现不过一个世纪，尽管其蕴含的意思和有机社会一样历史久远。“文明”一词的声名鹊起应归功于基佐（Guizot）的雄辩。基佐不使

用“文明”的正式定义，而是将其更宽泛地定义为一个民族所有财富、所有生活元素、其存在本身的所有力量汇聚在一起的总和。他接着说道：“无论在何地，人类生存的外部条件扩大或改善，人类智慧的天性因显现其能量、光芒和壮丽而与众不同——以上两种特征都同时发生，而且经常如此，即便在最不完美的社会制度里，人们也同样为文明欢呼喝彩。”如此，“大学”意味着最高级的学校，“文明”意味着人类的最高福祉，在此基础上，我们来探讨通过高等教育机构传授知识对于社会发展进程已经或可能有怎样的影响。

稍加思索，我们便可得出推动现代基督教文明前进的五大要素。第一，家庭，组成社会的基本单位，被亚里士多德（Aristotle）认为是社会的基础，被现代哲学家利伯（Lieber）和莫里斯（Maurice）分别称为“爱国主义的重点”及“社会道德的起点”；第二，贸易或商业，包括以物易物，不同社区和国家间的交通；第三，法律和习俗，包括书面以及非书面的，它们确保义务得到履行、权利得到维护，对相矛盾的诉求做公正调节；第四，宗教，即承认个人对某种无限全能力量的责任；第五，知识，是人类从古至今记录下来的观察结果和经验，即最广泛意义上的科学。

这五种因素作用于住宅、集市、政府、教堂、图书馆和学校，控制着现代人的生活。这也是社会最好的状态，以家庭美德、商业荣誉和自由交换、遵纪守法、纯洁不受亵渎的宗教、知识的广泛传播为主要特点。我们现在主要关注的是这五个要素中的最后一项。

人类获取知识、留存经验的方法有很多种。我们居住的世界就是一个大实验室，人类社会在其中忙碌地开展实验。自从远古时期、原始人喊出“征服自然”的法则，人类就动用观察、探索、思考等手段试图解释地球的物理特征；人类做社会组织尝试，规模或巨大、或微小；人类从战争中吸取惨痛的教训；迷信无知、漠视宗教、罪恶行径，以及文学、艺术、法律、宗教和哲学，都曾是人类的老师；习俗、传统、史诗、信条、规范、条约、铭文、羊皮纸、书籍、金字塔、庙宇、雕像、博物馆、学校、讲坛、平台，都被用来传播已获得的知识；但自从欧洲走出中世纪的黑暗以来，大学成为推动学问进步和知识传播的最有力机构。大学是知识的国度，超越所有国家的边界，其国民不限于任何一种语言，其所获得的知识财富不藏于任何地窖。大学博取各方之学，又向所有人敞开。大学寻找并研究最深奥的主题、最隐秘的事实、最复杂的关系，以期发现主导世界运行的法则，造福人类。

我校一处大厅挂有一张图，我每次经过都要驻足，思索其意义。那张图列出了从现代国家出现起成立的欧洲大学——历时7个多世纪，建校200多所。欧洲每个国家、每个大城市都有高等学校，由教皇、皇帝、国王、王公创建，由教士、改革者、共和国、自治市、普通公民、慷慨的女性共同维护。无论欧洲文明走到哪里，都带去了大学的理念，带到了北美、南美、澳大利亚，也带到了印度、中国和日本；弗吉尼亚人将其带到了威廉斯堡，新英格兰人将其带到了剑桥和纽黑文，在太平洋沿岸还没出现加利福尼亚州的时候，大学的理念就已在那里扎根。

该理念往往模糊，间或被扭曲，通常不成熟，有时被夸大，但却一直蕴含这一原则，即每个文明社群都要有一所高等学校，处在所有其他促进学习的机构之上，带领并连接它们。

请允许我举几个历史上的例子。查理曼（Charlemagne）大帝是凯撒（Caesar）之后、拿破仑（Napoleon）之前最伟大的君主，他声名显赫，但鲜有人知其帝国建立的基本原则之一就是优质教育。近来一位作家马林杰（J. B. Mullinger）撰文介绍了查理曼大帝所建的学校，丰富了我们的认识，之后又有学者普尔（R. L. Poole）研究了这些学校带来的影响。普尔说："如果说查理曼大帝统治时期标志着古代和现代史的分界线，那不仅是因为这一时期的政治特色，还因为查理曼大帝开始了对北方种族的教育，使他们能尽快担负起统治世界的工作，就像之前罗马人所做的一样。"

现代历史上有多个大规模暴乱以大学的建立为标志画上句号，其中一个是我们耳熟能详的。300年前，荷兰的莱顿城刚刚从可怕的围困中解放，"不再受饥荒和瘟疫的折磨，就以鲜花为自己加冕。"——莱顿大学成立了。辉煌的队列中有一位女性，那是圣洁的福音，由四位福音书作者陪同；随后是其他象征人物，依次比喻法律、医学和文科，然后是地方法官和显要人物。莱茵河上漂浮着阿波罗和缪斯女神的图像，每一位教授在行进中都"得到阿波罗和九位缪斯的一一亲吻"，而他们更是用"优雅的拉丁语诗歌"向教授们表达问候。你们定已猜到，这些表述我是引用了莫特利（Mottey）的话，为了向大家展示低地国家为他们新成立的大学多么的欢欣鼓舞。回顾一下曾在莱顿大学任教以及学习过的众多伟大学者，可更真切地体会到那次建校创下的功绩。早期在莱顿大学居住的学者就包括了格劳秀斯（Grotius）、笛卡尔（Descartes）、斯卡利杰（Scarliger）、布尔哈弗（Boerhaave）、维滕巴赫（Wyttenbach）、阿民念（Arminius）和戈马尔（Gomar），这一名单还可继续列下去，一直到我们同时代的人以及我们的同胞。

再往前追溯几年，英格兰宗教改革快要完成之时，亨利八世重组剑桥大学，为三一学院的建立打下基础。把这所辉煌的学院称作一所大学也绝非言过其实，其虽为学院，但综合性堪比大学。三一学院为世界培养出了三位伟大的学者，艾萨克·巴罗（Isaac Barrow）、培根（Bacon）勋爵、艾萨克·牛顿（Isaac Newton）爵士，这三位的雕像摆在学院教堂前厅，体现着学院的荣耀。

柏林大学的成立是现代历史上值得一提的例子，它同样是在民族悲痛之时建立的一所伟大高等学府。这段历史被传为佳话，最近又被赫姆霍兹（Helmnoltz）用在其就职演讲的开篇。当时，普鲁士被法国侵占，国家资源几近枯竭，但是在威廉·冯·洪堡（Wilhelm von Humboldt）、施泰因（Stein）和其他学者的推动下，普鲁士国王腓特烈·威廉三世（Frederick William Ⅲ）决心给沮丧的人民注入新的精神，赐予他们他的权力范围内所能给予的最大礼物—— 一所大学。柏林大学的初创理念自由而包容，使其迅速成长为最前沿的大学之一。

之后是我们都记得的例子。德国收复斯特拉斯堡后，腓特烈·威廉三世的儿子威廉皇帝认为此地应成为大学所在地，而现在，柏林新学府已跻身德国最好的高等学府之列。

这些例子中的大学都在重大社会危机结束之时建立，我经常想到这些，因为我校组建于我国内战结束之时，我们相信，凭着民众对文学和科学的热爱，我校的成立能将所有阶级团结起来，让不同信仰的人彼此理解。与我相识的一位信奉罗马天主教的内科医生最近逝世，他生前常跟我说："我跟所有人都说，有一样东西是我们都没有异议的，那就是大学。"另一位信奉同样教派的人士最近写信告诉我："我衷心希望你对所有基督教派的预言成真。生命短暂，需行之善甚多，容不得我们在毫无意义的争议上浪费气力。”

相信大家对这些历史上的例子都很熟悉，我提它们是为了请大家思考：为什么大学如此受推崇？建立大学会带来哪些益处？大学是为个人提供全面教育、促进科学进步的最优组织。记住这两点，在评价任何自称大学的机构之时，只需关注两个方面：它为个人教学做了什么？它为推广知识做了什么？

首先要问：它是不是优质教育的所在地？在其院墙之内学习的年轻人是不是真心热爱真理？他们是否博学？他们是否时刻准备学习？他们是否值得信任？他们离开课堂后能否马上寻得工作？他们能否在事业中晋升？他们可否为人师？他们是否体现出商业、行政或编辑工作所需的素质？他们在公共服务中的表现是否值得称赞？他们所著之书能否出版？他们是否在增进人类知识的群体中赢得了声望？他们有无欣赏文学、音乐、艺术的能力？他们能否运用历史经验解决当下问题？他们是否随时渴望增长知识？他们能否成长为稳妥的社会成员，寻求稳步改进而非破坏因牺牲带来的进步？他们是否在生活的各类关系中都是乐于施助、谦逊有礼、善于合作的公民？他们是否经常关注社区的慈善、教堂、学校和公共事务？他们是否经常展现出在科学、文学、演说、行政方面的非凡才能？随着校友数量的增加，毕业生不再是几十名，而是几百至上千名，是不是其中大部分都可敬、忠实、博学、热心公益？随着时间的流逝，用以评价一所大学的应该是这些问题。把所有这些总结成一个问题，就是结果是否证明这所大学有利于人的发展。

关于这一点，请允许我多讲几句，因为其重要性有被忽视的危险。吸引人眼球的往往是大学的物质资源、学生数量、高楼大厦、众多收藏，但只有关注结果才有资格对其做定论，且仅10年时间不足以做出论断。要做出公正评判，最少需要一代人的期限。等到1900年，我校将建校25周年，虽尚长远，但我们请求届时对我们当下的工作做出评判。而现在我们就可对最终裁决有所预测——通过我们自己的检验和调研，可以查明一所教育机构为年轻人的教育做了什么，提供了什么机会，聪慧的年轻人如何看待这些机会，学术课程结束时获得了什么知识成果。

在此，我要对仅凭数字标准评估智力工作的惯常做法提出反对。我听过一个说法，说是有些人着了数字的魔，只有用数字才能思考。新认识一个人，就问这个人有价值多少；见到图书馆，会问有多少藏书；见到管弦乐队，会问能演奏多少曲目；见到学院，就问有多少学生。我见过有人将学校支出作为被除数，将学者数量作为除数，商就是培养一名学生的成本。这是绝对错误的。如若可以使用这种标准，最大的成功就是用最廉价的教师教育最多的学生。决定一所高校品质的不应是学生的数量，而应是学生的质量。可以数其数，但最好称其重。

谈罢大学对个人的功用，再来看大学的第二种功能——它惠及个人的同时也惠及社会。大学为地方提供的服务是任何数据都无法估计、任何数学过程都无法计算的。这些功能可以总结成对知识的获取、保存、提炼和传播。

这四个词语是我精心挑选的，下面请听我解释。

第一，获取知识是大学的工作。每一位教授也是学生。所有历史，再久远也不可忽视；所有数学规律，再隐秘也不可放弃；所有物理问题，再艰深也不可躲避。大学精心挑选一群教授，共同投身于对学问的钻研，绝不会因贪图安逸、害怕辛劳、担心后果、贪慕荣华而分心。可以这么说，同宗教一样，做学问也有英雄和殉道者、先知和使徒。他们听从义务的要求、岗位的职责、良心的声音，全身心投入工作，其毫无自私之心的奉献精神是人性所能呈现的极限。通过他们的劳动，知识得以积累，智力资本得以获取。世界领先的大学一直实践的就是这种探索的过程。

实验室、博物馆、图书馆彰显的就是这种探索。它们探索的范围涵盖所有领域，在其中工作的人坚信任何知识的进步都能增进人类的福祉。大学的研究不仅限于物质方面，学者们对人类本性、社会成长、语言研究、智力和道德行为原则的形成等所有问题也同样感兴趣。

第二，大学是保存知识的地方。它鼓励对过去各个时代所有人类经验的研究，包括历史、哲学、诗歌、戏剧、政治、宗教，等等。大学接替古代修道院，让古老的语言和艺术知识存活至现在，丰富我们的母语文学、维持精妙写作的最高标准，让我们能分享人类中最崇高个体的思想。请让我特别提醒大家，在解读《圣经》时，人们本能地求助于大学。当发现新手稿、推出新版本、出土新碑文时，宗教世界借助大学寻找启迪和指引，因为那是珍藏古老和遥远的语言以及知识的地方。大学的巨大影响力是精神化的，甚至可以进一步说，大学的影响力是宗教的。我并非没有注意到，学术圈存在精神信仰薄弱之人——其他圈子也都如此——但我不怕这里可能存在的矛盾，还是要坚持说，大学的学习本身有利于精神品质的提升，有利于正直、无私、信仰的养成，换句话说，这种影响与享乐主义和物质主义相反。信仰也有潮汐，时涨时落，如同海洋；但是大洋就在那里，藏着深处的奥秘，不管表面如何惊扰，内里恒常不变。所以不管如何波动，信仰都和知识一样，永远存在于人类的思想中。

第三，大学是提炼知识的地方。一直以来，大学都致力于消除人为错误，通过费力的步骤、复杂的合作、巧妙的方法，对所有继承得来的知识进行处理，去其糟粕、取其精华。前人发现的真理不可摒弃，但覆盖其上的积垢被移除。大学编辑、解释、翻译、重申前代所取得的文学和科学知识。大学揭示错误，偶尔得到支持或经常遭到反对，但它们依然继续，不以喝彩欢欣、不以责备忧戚。初学者或许以此为难，但坚持下去的终将获得最高的享受。

第四，大学是传播知识的地方。学者如果仅获取知识，那只是完成了一半工作，他还要同其他人分享他所拥有的，这首先通过教导学生来实现。经验已明确表示，多产的学者最博学，鲜有例外。传授知识似乎可带动知识的获取。聪明且友好的调查人和评论家往往对研究者有正面影响，有了他们，研究者可发挥出最大力量。除了看得见的学生，大学还应将其获取的知识与全世界的学者分享，因此要鼓励学术出版。这些是正式的、已为人熟知的知识传播方式，除了它们，大学还有无数种没那么明显但同样有用的途径向外部世界传递其益处。

这些是整体原则，为了具体阐释，我请各位随我审视各学科，看一下在不同知识领域大学正在或应该发挥什么作用。

我首先要说的是，大学应穷其所能，探索一切可能获知的关于人体的知识，不断去发现、去教授。若问我这为何如此重要，我的回答是，为每个人都能过上更健康、更理性的生活，而这在当下不能实现正是因为知识的匮乏。医院可减轻人们的病痛，自然极为重要，体育锻炼的价值同样重大，但对人类来说，更重要的是研究生命规律的实验室。有位著名生理学家曾说“上帝给人类安排的寿命是100年”，另有人称人类大部分轻微疾病都可轻易避免，有效生命可大大延长。科学已证明，曾让人类世界深受其苦的很多病痛都可预防。最近，科学又将我们带到了新发现的入口，这些发现将进一步阻止瘟疫的发展。麻醉剂的使用奇迹般地减轻了人类的痛苦。我们对大脑兴奋和退化的原因以及治疗方法有了前所未有的认识，比以往任何时候都更有机会恢复异化的脑功能至正常状态。我们已经取得了一些伟大成果，未来的可能性更让人期待。显然，大学有责任研究比人类低级的有机体展现出的所有生命形式和功能，以及主导动植物生长的所有规律—— 一言以蔽之，可帮助我们理解人类生理的所有知识。

致力于此等研究的学者用显微镜揭示最微小有机体的结构和生命历程，不断经历意外的惊喜，遇见万千生灵中的新例证，而这些例证对于人类的安康有重要意义。这些学者是自然的解释者、人类的造福者。我还要毫不犹豫地说，如果当下有一门学问值得最慷慨的支持，那么这门学问必非生物学莫属，因为生物学与每个人的健康和幸福息息相关。我不禁想到，现在反对生物学研究的，日后必被归入19世纪的蒙昧主义之列。

我要讲的第二项大学学科是心理学，这门科学关乎人类灵魂的本质，关乎人的心理和道德活动特点。它最近取得了重大进展，改进了方法，扩大了范围。心理学研究者欣赏人类继承的经验，也不忽略自觉和反省得来的教训；他们研究智力生活和精神生活的所有表现形式，也不惧探寻头脑运作的物理条件，而且知道如何探寻；他们观察孩童自发的、不寻常的行为；他们探究遗传规律；他们用好奇的目光审视天才的怪癖，用敏锐的眼睛审视人类力量的异化并试图补救。他们认为，通过这些和其他研究方效的结合（实验也是其中的一种），我们能更好地认识人类的理解行为，了解进步道德的规律，以便在学校每个年级采用更为有益的教育方法。心理学家承认，灵魂高于肉体，他们带着敬畏之心面对现代研究者不可参透的奥秘——那也是曾让莱布尼兹（Leibnitz）和斯宾诺莎（Spinoza）、阿伯拉尔（Abeland）和阿奎纳（Aquinas）、亚里士多德和柏拉图都不得其解的奥秘——关于人自觉的责任、不朽的暗示、与上帝的关系的奥秘。

我不知道哲学是否正在"回到康德"，或者说回到常识，但我相信，将来，哲学定能解开费解的谜题，清扫语言的堆栈，带领心灵走向更纯洁、更高尚的正义感和责任感。我甚至要进一步说，我相信真理和真理之间不会发生冲突。

明确了这些观点，请让我引用我们之中最有资格谈论这一话题之人的一段话：心理学的创设，为哲学研究提供了一种新方法、一个新角度，我相信其根基和核心都受基督教影响。心理学在世间的终极任务并非追求细枝末节的和谐、轻微调和科学与宗教的关系，而是以古老《圣经》所推崇的团结、理智、仁爱精神为基础，并且凭借其广泛的影响力，为宇宙以及人在宇宙中的位置等宏大的新命题带来冲击并注入新的活力——这些命题正渐渐成型，它们为理性带来一个新天地，且带有重大、深远的实际后果和社会影响。我们正慢慢重新认识《圣经》，发现也可以将其看成一本心理学教材，因为它将人作为整体看待，包括肉体、智力、意志，并且关注人与自然和社会的更广泛关系。在这里能为促进心理学的发展尽一份力，是我最大的希望和信念。[①]

另有人热切地投身于对社会的研究，他们的实验仪器就是关于人类活动的考古发现和历史记录。现代时期对历史和政治科学的重视是前所未有的。发现远古遗迹，解读隐匿已久的铭文，出

①斯坦利·霍尔（G. Stanley Hall）。

版曾隐藏在修道院和政府档案中的古老文件，探寻原始的社会组织形式，创造更好的研究模式，科学地收集关于远古和现代社群状况的事实，并加以分类，还有对机构和体制的成长问题燃起的兴趣，都赋予了这门最古老的学科最新鲜的趣味。近来发表的历史学论文涉及各类话题：孩童之间形成的社会雏形，采矿营地的法则，社会主义社群的基础条件，议会政府和国会政府的差别，现代习俗在雅利安人时期的古老起源，共产主义的实质，不一而足。这些例证都证明当下历史专业的学生们追随斯塔布斯（Stubbs）、梅因（Maine）、弗里曼（Freeman）、西利（Seeley）、布伦奇利（Bluntschli）、罗舍尔（Roscher）和其他著名历史学者的脚步，推动着历史学科的发展，培育着真正的历史精神。做这些研究，是为了探明现在束缚我们的镣铐当初是如何铸成的，以及我们要如何耐心地将这镣铐锉断，从而帮助现代社会进步，同时，也是为了实现处处有自由，且是“法律支持下的自由”的理想社会。

语言和文学向来是大学教育的重点，未来也将一直如此，这其中的缘由就像语言本身一样古老。我们学习语言，是为了了解其他地方、其他时代的人们；我们学习文学，是为了能享受文学。为了与他国的人们交流，为了跟上现代科学的脚步，我们应该鼓励大家对现代语言的学习，这一点无人质疑。享受人类的文化遗产是每个人生来就有的权利，但要在真正意义上拥有这些遗产、欣赏文学杰作、体验人类的情感——与笑过的人一起笑、与哭过的人一起哭——我们就不能局限于阅读时下的作品。人们常说，学习科学就要重视最新的科学知识的习得；但文学不同，文学要读最好的。以赛亚（Isaiah）和约翰的作品、荷马（Homer）和埃斯库罗斯（AEschylus）、西塞罗（Cicero）和维吉尔（Virgil）的作品、《尼伯龙根之歌》（*Nibelungenlied*）和乔叟（Chaucer）的作品、但丁（Dante）和彼特拉克（Petrarch）的作品，我们读来和前人读来一样充满生命力、美感、教育意义和娱乐性。但当今世界步履匆匆，怕是将很快告别古典标准的优秀写作，幸好，在每一所大学中，学者们守护着圣坛中的熊熊火焰，当我们靠近时，他们用热情的火光温暖我们，也用敏锐的批判启迪我们。

如今，反对古典教育的声音不难听见，虽然往往是未受古典教育之人发出的；亦不难听见反对学习过时语言的慷慨陈词，虽然鼓吹者往往并没学过这些语言。当然，古典主义学者大可把古代留给地质学家去研究。对地质学家来说，化石越古老，带给我们的信息就越多。对古生物的重视程度如此之高，国家极为慷慨地鼓励相关研究，支持化石勘探、博物馆兴建和昂贵的出版。话虽如此，国家不应忘记“人比许多麻雀还贵重”[①]，人常活常新，最古老的文学作品也有此特点，不会过时、不会废弃，而是依然新鲜、充满活力，这与穴居人化石不同。尽管大地懒化石让我们大开眼界，但一本古代史诗或戏剧作品也同样值得我们关注。

杰布（Jebb）在《本特利的一生》（*Life of Bentley*）中称，很可能“从最广泛的意义上，对古典时期的研究从未像现在一般火热”。此外，古典诗歌也从未像现在一般流行，不然怎会涌现出如此多的版本和译本？不然我们怎会继沃斯利（Worsley）、布彻（Butcher）、布赖恩特（Bryant）以及其前辈们之后，也像读帕尔默（Palmer）韵律优美的散文一样大声诵读着《奥德赛》（*Odys-*

① 出自《圣经·路加福音》第十二章。——译者注

sey），并为这不朽的史诗拍案叫绝呢？这是好迹象，但也要记住，读译文不同于读希腊语原文。如杰布所说，我们不可忘记“二手知识”与“一手知识”的不同，前者，聪明的公众就可拥有，而后者，需由图书馆和大学教授们传递下去。

近来布彻对维护古典研究有所论述，古典研究的捍卫者们若能追随布彻的路线，必能使反对者们偃旗息鼓。布彻说：“我们对科学、艺术、自由的热爱皆源于希腊——不光是科学、艺术、自由，而是三者互相关联、互相融合的有机体，而这种融合至关重要……希腊文明是欧洲文明最早的全盛时期，也是最光辉灿烂的。回到希腊精神，欧洲文明得以复兴，并衍生出了新的巨大力量，我们称这种力量为进步。”

关于语言，我可不想止于此，还必须谈一谈广泛意义上的语言研究。我们对语言这种人类特有的能力一直知之甚浅，直到德国多所大学开始研究梵语，才开启了比较语言学的研究。它们用这把新火炬为一系列研究课题带来了无限光明，如语言的本质、人类的历史、各国的血脉相连、作为所有印欧文明基础的理念的形成，等等。

闪米特语族向来是大学研究的对象，尤以希伯来语和阿拉伯语为主。希伯来语作为《旧约》（*Old Testament*）的语言备受推崇，曾被称作“天堂的语言”，而阿拉伯语则被认为是解开人类最大族群之一的思想和宗教、古代文学与科学的钥匙。近年来，对闪米特语族的研究范围更加广泛，在古巴比伦和尼尼微的位置发掘出了一直隐于地下的藏书，新发现的记录现在被视作人类历史的一部分而被阅读、印刷、研究，而本世纪初我们甚至还不知道这些记录的存在，对于记录这些的文字，当时我们也近乎一无所知。亚述语也成为大学研究的对象，虽然只有少数研究者涉足，他们的发现对于了解希伯来人的语言和历史有重大意义，一位英国的博学的神学家最近还说，《旧约》中一些较为晦涩的段落，世人要等待亚述学的研究成果来帮助解读。

如果人类的历史值得研究，如果过去的教训有其价值，一个开明社会在其研究中绝不会忽略语言和文学——不管是古代的还是现代的、原始的还是开化的。当我们把视角从人本身转移到人的环境时，就会很快意识到，我们有关外部世界的所有知识的基础是数学。学会计数、测量和称重是文明的进步，当我们把这些能力进一步延伸，就发现甚至可以精确得出行星的距离和质量、地球的形状、光的速度、热功当量、电阻的单位，而这些问题的答案以及它们涉及的众多理论，可以进入每个受教育者的知识库。但我们注意到，一般人对纯粹数学在现代时期的进步并不重视，对其重视程度甚至低于所有其他学问，因此可以说，纯粹数学对文明的重要性并没有得到充分认识。

凯莱（Cayley）教授最近在一次演讲中提到，数学一方面与日常生活相关，一方面又与最深刻的哲学问题相关，比如时间与空间的形而上学概念。至于数学的功用，凯莱教授称他会维护数学这门科学，毋论其世俗的好处，就如苏格拉底（Socrates）维护正义一般。接下去他讲解了数学同知识的确定性之间的关系，强调数学科学并非基于经验，而是基于一些根本假设，而这些假设也被发现与经验相符。我希望每一位学生，不管他学习的专业和数学课本相差多远，都能阅读凯莱教授演讲开头的段落，明确一点——最精确、推理最无懈可击的科学基于的是根本假设，这些假设是设想出来而非实验证明的——从而使自己的大脑更加平衡、更加稳重。“在数字理论中”，“这些是有名的例子，一些包含长长的数串的定理看似成立，但是其实践应用性可能还有所欠缺”。

如果你一定要从功利的角度看，问我数字有何用途，或者问我一个更宽泛的问题，比如阿贝尔函数有什么用，我只能说我不知道；若你非要问个究竟，我就不得不说，我相信没人知道；但是我知道、你知道、每个人都知道，有人会不遗余力地研究这些问题，而数学的进步是所有精确知识的基底和支撑。

《归纳科学史》（*History of Inductive Sciences*）的作者休厄尔（Whewell）明确指出以下事实：“希腊文明的开始以几何学的出现为标志，几何给予空间这个概念以科学准确性；类似地，现代欧洲文明的开始以另一种新科学的出现为标志，即力学。力学随即发展出天体力学，而这一步和力学的出现一样，其基础是人类明确了力这个基本概念。”数学是亨利·史密斯（Henry Smith）最喜爱的学科，谈及数学，他称一个国家“对世界和万物的理解要有数学推理的坚固框架作为支撑和维系”，若没有，则国家的知识力量将受损。他继续说：“人们需要知道什么才算证明、什么不是。2000年前亚历山德里亚或者雪城的数学研究同样完美无缺，其直截了当和精确无误对我们的头脑一样有吸引力，仿佛是昨天才由我们同时代的学者在柏林或者哥廷根研究出来的一样。”英雄所见略同，凯莱在我前面引用的讲话结尾中说了同样的观点。希望他没有忽视大西洋此岸的西尔维斯特学派，毕竟他曾在那做客、担任教师。

凯莱在展望未来、回顾来路后说道：自古希腊时期开始，几何学一直稳步前进。已有成果没有丢失亦没有浪费，欧几里得、阿基米德（Archimedes）、阿波罗尼奥斯（Apollonius）的成就现在看来还如当年一样引人注目，笛卡尔坐标系也是我们永远的财富。但从本世纪上半叶到现在，我们对数学的热情投入前所未有，取得的成就同样前所未有。进步是巨大的，研究领域是无限的，未来是充满希望的。对于纯粹数学，我们可以自信满满地说："但我毫不怀疑，随着岁月流逝，目标定历久弥坚，人类思想亦随星辰运行愈加宽广。"①

很多人不会那么爽快地赞同纯粹数学与文明的关联，却会毫不迟疑地为应用数学，尤其是天文学和物理学喝彩。这并不出乎意料，在我们这代人的记忆中，世界已迎来了以下五项物理学成果：蒸汽机、电报、电话、摄影和电灯。前三项可以说变革了人类交流的方式；第四项无限扩大了通过视觉向大脑传输知识的途径，威廉·汤姆森（William Thomson）②使用约翰·班扬（John Bunyan）的措辞，称该途径为"眼睛之门"；第五项刚刚出现，为照明带来无限的潜能。我没有足够的时间来一一称颂人类文明的最新成果，我有限的篇幅要用来强调一个事实，一个最容易被忘记的事实，就是这些美好的发明是大学研究的直接成果。我并非贬低讲求实际之人的工作，但是，世上最聪明的发明家也依靠一群看不见的学者，有了这些学者发现规律、创立法则，发明家才能将其应用到他们的方法和仪器上。我也没有忘记，法拉第和莎士比亚（Shakespare）一样未曾上过大学。但我要说，人人皆热议的各种科学应用之所以成为可能，是因为大学推动了抽象研究发展。如今电磁发明形式多样，其之所以出现，是因为本世纪最优秀的学者不断地用高超的绝对推理解释了众多自然现象，而如果使用了正确方法，地球上任何地方或者以往任何时代都可以阐明这些现象背后的原理。大学若远离实验科学，这些发现亦不

① 引自丁尼生（Tennyson）的诗《洛克斯利大厅》（*Locksley Hall*）。——译者注

② 即开尔文勋爵（Kelvin）。——译者注

会出现。当用于研究的实验室纷纷建立，数学和物理形成了联盟，同时出现了一批新的科研从业者，他们心灵手巧，既可以推导数学公式，又善于制造和使用仪器。其中的代表是追随富兰克林（Franklin）和朗福德（Rumford）脚步的一批学界领袖，可以称为牛顿学派，因其许多灵感来自艾萨克·牛顿爵士。他们并非都在校园受过学术训练，但每一位都曾受益于大学提供和维持的有利条件。

这些学者中最伟大的一位，威廉·汤姆森爵士，最近来过我校。邀请他是因为我们认为，在所有外国学者中他最能为我国物理学研究带来启示。他讲座的主题与一般的思想天差地别，我猜，对当下物理学研究没有了解之人，看到讲座通知可能会对演讲者要讲什么一无所知。但是威廉·汤姆森的吸引力如此之大，那个月很多学者每天聚集于此，聆听他的演讲、感受他的热情，这些学者大多是物理学教师，除了两三位来自英格兰、一位来自日本、几位来自阿勒格尼以外，还有很多附近地区的。讲座内容被记录下来，以讲义的形式公之于众，并送至国内外主要学府。但开尔文勋爵此次来访的主要成果尚需时日方可体现，体现在其追随者对科学的热爱中，体现在他们对开尔文勋爵的热情与专注的仿效中。说到大学对物理学科的促进，这不正是最生动的例子吗？

尽管一个世纪以来物理学和天文学有诸多成就，但对这两门学科研究最深的学者也会肯定地说，即使是他们也只在初学阶段。普林斯顿大学的一位天文学家在最近一次演讲中细数了天文学即将面临的问题，我校一位教员也在演讲中回顾了电学现状，并且宣布“鉴于未知领域相比已知领域无限大，未来几个世纪，全世界都不用担心没有可研究的问题”。他又补充道（可能是为了取悦讲求实际之人)，在科学的众多应用中，“相比未来的无限可能，电话、电报和电灯只是小儿科”。

化学诞生于19世纪初。原子理论——所有现代科研的基础——由道尔顿（Dalton）提出（我们的化学实验室以这位英国朋友命名，叫作“道尔顿厅”，很是恰当，向道尔顿的盛名致敬，也向我校创立者生活过的时代致敬)。道尔顿定律于1804至1808年间提出。因此，相比其他学科，我们可以更清晰地追溯曾影响化学发展的具体因素。炼金术，即寻找黄金或者“点金石”的努力，没能成为科学，也未给人类带来些许益处。后来欧洲大学，以其训练有素的观察、精确工作的方法、发表成果的习惯尤其是合作研究的优良传统，纷纷将注意力转移到原子组合的基本规律上，化学学科才得以迅猛发展，并为人类带来不可计数的益处。化学早期发展的最大功臣当属被称为“有机化学的源泉”的李比希（Liebig)。无论作为思想家、研究者，还是讲师，李比希都同样优秀，但他更卓越之处，如其最杰出的学生之一霍夫曼（Hofmann）所说，“是在实验室的教学”。

霍夫曼说：“李比希在吉森大学这个小地方创建了世界上第一处教学实验室，开创了化学学科的新纪元。如今盛行于各地的实验教学法的雏形出现于吉森实验室，如果我们骄傲于各院校为实验科学建立的宏伟建筑，切不可忘记，它们都源自李比希半个世纪前创立的原型。”世人为这些实验室创造的成果喝彩，同时要记住，它们不是工业制造的产物，不是商业公司的产物，甚至不是私人计划的产物，而是大学的成果，而驱动这些实验室的创办者和管理者的，不是获取财富，而是对真理的追求。

化学正以前所未有的速度发展。然而，在阅读一位学者最近对理论化学原理所做的阐述后我们发现，与数学、物理一样，最专业的人士也认为化学领域尚待探索的范围比已研究的范围要大得多。越往上攀登，看得越远。这些研究能给人类带来的益处不可估量，我们可以回顾最近的成就。过去几个月，上天赐予了人类一个巨大的恩惠，就算是花费基督教世界所有国家的所有实验室的所有成本，相较这颗宝贵的珍珠，也只是很小的代价。这项发现悄无声息地、始料未及地从科学实验室来到世间，可以让视觉器官先进入麻木状态，一会儿再恢复生命。有了它，人类一直惧怕的眼部手术可在丝毫没有疼痛的条件下进行。化学家或许会谦虚地说该发现是个意外，其重要性不可与阿伏加德罗定律相提并论。虽然可以这么说，但这种意外不发生在其他地方，而发生在大学和实验室所在之地、学者所在之地，是因为这些受过学术训练的人有能力并且随时准备观察现象、发现原理、运用规律。

我以上所说的只是浮光掠影、走马观花地介绍了部分学科，毕竟这一话题用一本巨著来阐述更为合适，非一次讲话所能囊括。我没提到的有对以下问题的研究：地球的结构、地球的物理特征、风暴的规律、构成地球的岩石和矿物、隐藏于古代地层的生命记录、目前存活的动植物王国、人类各种族的分布、考古学的进展，也没提及人类知识的各大分支的无数细分领域。这项任务非我能胜任，我只是尽量提到了各位在今后的生命中，随着大学的成长和知识的进步可能会开展研究的课题，同时，我有意回避了有关职业或技术教育的问题。

我曾在加利福尼亚的伯克利居住，以东几千米有座中等高度的孤峰，自山顶可俯瞰纽约州大小的区域。从北边的沙斯塔山到南面的惠特尼峰，你的视线可沿错落有致、时有积雪覆盖的内华达山脉脊线一路望去。时有一座山峰比周围山峰稍高一些，可从瞭望处辨认出来。但人类的视力看不到山脉之外的山脉，亦看不到神奇的约塞米蒂谷和美丽的塔霍湖，它们在距我们最近的山脉掩映之下。地平线上，我们的眼睛往东望，能辨认的只有那几座最雄伟的高峰，往西望，只能瞥一眼花仑岛屿。今天，我们站在并不是很高的山顶，俯瞰了广阔的区域，虽只是了解概貌，但我们毕竟已见过大山、望过大海。

第三章

大学的品格

在美国大学优等生荣誉学会前的演讲

哈佛大学，1886年7月1日

此演讲发表于哈佛大学建校250周年之际，发表的同一天，耶鲁大学第二任校长德怀特就职。演讲解释了部分历史典故。

这个夏天，凡是造访过剑桥大学的人都会记得，250年前，人们在这里种下的橡树种子已长成参天大树；凡是从远方各州来到哈佛的人，都会对在数辈人的岁月里指引这所学府运行的智慧致以敬意。我相信，耶鲁的毕业生将他的母校与这所学校联系起来是没有错的。他们共同的影响力，不仅在新英格兰，而且在这片土地的其他地方都十分强大。如果没有这些大学，很难想象美国现在的社会状况将会如何。这些学校的毕业生推动了美国文学、科学、政治和宗教的进步。而且不仅于此，在西部新建州启动新的社会秩序的时候，他们的教学方法、不成文的法律、高深的探索和学术精神都发挥了重要的作用。在教育领域，哈佛和耶鲁的管理经验已被奉成圭臬。建立另一个哈佛或另一个耶鲁，孕育伟大的大学并使其发展壮大，是许多爱国者和基督徒的夙愿。极富远见的玛纳西·卡特勒（Manasseh Cutler），一位对哈佛大学和耶鲁大学都有卓越贡献的人，曾制定过一项政策：在阿勒格尼山脉以西的各州准备一部分公共土地，专门用来建立大学。亨利·杜兰特（Henry Durant）是一位加利福尼亚州的先驱者，来自新英格兰，去的时候他“头脑里装着建立大学的构想”，现在每一艘进入金门大桥的船只都能看到他所建立的大学的楼宇。

美国高等教育有两个最古老的根基，并可分为四个时期：第一个时期，从移民开始在新大陆定居到独立革命时期，英国大学的构想以其最简单的形式占据统治地位；第二个时期是美国摆脱了王权的统治后，有关医学、法学、神学的专业学校开始萌芽；第三个时期，从本世纪中叶开始，科学学院建立；目前处于第四个时期，我们正在慢慢实现那些从英国而来的、最早移民的大学构想。

虽然殖民地时的措辞用语略显保守，但无论如何，就像使用“主教”或“主权”这两个词一样，“大学”是一个非常雄心勃勃的名词。我记得最早关于哈佛大学的记载中，有时它被称作“学校或学院”；在康涅狄格州，“学院式学校”已流行了17年之久。1701年，当皮尔庞特（Pierpont）和他的同事在昆尼皮亚克河口岸对当地某位著名社会人士进行访谈时，这位名人曾说：“我们应使用流传已久的称谓，因为我们觉得这样它更有可能在恶劣环境中得到更好的发展。”在其他地方，人们没有同样的警惕，那里的学校也就没有取得同样的成功。在定居马萨诸塞湾的前几年，弗吉尼亚公司决定在亨利科留置1万英亩的土地上建“一所大学”，其中包括为“不信教者”的孩子们建立的一所1万英亩的学院。人们最近才发现，其实早在1624年，就有人提出了建立大学的规划。尼尔（Neill）教授在《弗吉尼亚维多斯塔》（*Virginia Vetusta*）中提到，当旅行者穿过格雷斯港的铁路桥时向北看可以看到萨斯奎哈纳河上的一个岛屿，这个岛屿曾被捐赠出来用于“大学的创立和维护”，弗吉尼亚的这些大学被称为弗吉尼亚大学牛津分校。但由于设计者爱德华·帕尔默（Edward Palmer）的去世，这个项目被迫中断。

德克斯特（Dexter）先生证实了这样一个事实：在1647年前，已经有近100名英国大学毕业生迁往新英格兰，其中四分之三的人来自剑桥大学。马林杰精心制作的展览充分展示了在17

世纪前半叶，为这些剑桥流浪者所熟知的学院或者大学的生活条件。显然，那时大学从属于学院，逻辑学呈现“傲慢”的姿态，以数学和希腊语为代表的科学和文学被低估了。马林杰记录的一件轶事一目了然地揭示了这一情形，“塞斯·沃德（Seth Ward）曾在悉尼的图书馆发现了一些数学著作，可是当地没有人能翻译。因为这些书是希腊语所作，当时所有的研究人员都不会识读。”观察、实验和研究精神很少被提及，学徒式的规训多于教授的激励启发。当时这样的情况还有很多，因为那时的殖民地还很贫困。大学本应包罗万象，但当时的美国处于17世纪的独立革命之前，学院里甚至只授艺术学位，这件事就不足为奇了。1774年，地方官员哈奇森（Hutchinson）在达特茅斯行政办公室与人讨论殖民地事务时，波纳尔（Pownall）先生问道：“哈佛是否是一所‘大学’？如果不是，凭什么颁发学位呢？”哈奇森回答说：“一开始他们只授学士学位和硕士学位；两三年前，他们授予一个德高望重的年迈绅士博士学位；第二年，他们又授予一两个人博士学位；再后来，又授予另一些人博士学位……如此持续的做法成为一种传统，很难被打破。”

这是一个重要的事实。在革命开始时的1776年，乔治·华盛顿在哈佛成为法学博士；1783年，约翰·沃伦（John Warren）成为医学博士。从那时开始，其他研究学科和艺术学科一样开始颁发学位。

我不需要在此重述将医学院、法学院、神学院合并到大学的历史进程，当时只是把它们审慎地看作一个大学的分支学院，它们得不到大学“母体”的支持。这一状况持续至今。值得注意的是，哈佛和耶鲁设立神学院的例子在其他地方很少被效仿，即使在某些地方的大学里已设立医学院、法学院和科学院。更需要补充的是，在本世纪30年代到40年代期间，职业教育学校纷纷设立，但这是以一种比当年建立学院时更无序的方式进行的。

在高等教育发展的第三个时期，人们认识到除了传统的三大专业教育之外，我们的大学还需要通识教育。因此科学学院通常建立在古典学院附近，也有些独立设置的，其中许多此类学院会得到国家用于技术教育的资金支持。

我们刚刚踏入高等教育发展的第四个时期。在这一时期，我们比以往任何时候都更加重视大学理想的实现，这样的理想在我们国家处于长期休眠状态。本世纪的20年代，一所大学在马里兰州被特许创建；本世纪结束前，在国家赠地收入的支持下，西部的第一所大学在俄亥俄州一个名叫雅典的小乡镇得以组建，它成为了密歇根州以及美国西北领地其他类似机构的先驱。本世纪初，美国人经常出国接受医学和科学的训练，但在1820年至1830年间，许多人转向德国学习历史和语言学。直到今天，这个由埃弗雷特、托克诺尔（Ticknor）、班克罗夫特和伍尔西开启的留学传统仍未被打破。通过这些归国学者，以及来自德国、英国和瑞士的杰出教授——利伯和贝克（Beck），西尔维斯特（Sylvester）和朗（Long），阿加西斯和盖奥特（Guyot）以及他们同伴们的杰出贡献，大学哲学系的概念初步成形。大学的哲学系优于学院，在一定程度上可以说是专业教育的基础。

谈到“大学”这一概念的历史演进，有一个人的实践最大胆、最具创新性、最有影响力，这个人与《独立宣言》以及弗吉尼亚大学密不可分，他就是托马斯·杰斐逊（Thomas Jefferson）。正是源于他1826年的设想，使我们国家的人民认识了一种源于欧洲大陆国家，尤其是法国大学的自由组织形式。不过，这也引发了争议。

人们最初使用“大学”这个词时，态度审慎。随着新时代的到来，“大学”一词被用在各种场合，渐渐丧失了其独特性。现在有必要对此“正本清源”，一些错误的观念已经传播到了国外。有些实力不济、为贫困者而设立的学院，希望得到人们的帮助，理由是其创建者自认为他们建立的是大学。“大学”这个词还被用在艺术学校、商贸学校、现代语言学校，甚至是开设基础教育的学校上。不仅如此，如果我们从现在的书面记载来看，很多茫然无措的毕业生就出自这些古老而又保守的教育机构。有些人认为可以通过宗教手段来建立一所大学；另外一些人认为100万美元的捐赠仅仅满足建立大学的基本要求；也有人说四个学院可以构成一所大学；还有些人认为去宗教化的大学才算大学；甚至有观点认为没有课程教学的大学才是大学。我在报纸上看到过报道，一所大学的创建者认为当某一个宏伟的建筑建成之后，他们的大学将成为最好的大学；我也知道有一个女子学校，它的校董会不仅有权授予所有学位，还可以指定一个女董事拥有与男董事同样的权力。

所以，现在是美国的学者们承担责任的时候了。即将举办的剑桥校庆庆典，必须呈现人们为实现那些宏伟目标而做出的巨大贡献；今天就职的耶鲁大学校长获得了耶鲁人民的一致赞美，他是强调学术传统这一大学理念的代表；普林斯顿大学如同一位先驱发出了它的声音，宣称其办学目的；康奈尔赢得了一起关于大笔捐赠资金的诉讼；内政部长向国会表达了建立国立大学的重要性，并提出了一项建立国立大学的议案；罗马天主教会最近在巴尔的摩的理事会上提出了在首都建立一所大学的方案；与此同时，在这片土地最遥远的边界，数百万元的捐赠奠定了一所大学的基础；密西西比河谷的人们，已经竭尽全力地实现了自己的崇高理想。因此，现在正是非常关键的时刻。明智的规划将像一颗种子，萌发并孕育出百倍的果实；糟糕的规划就像生长在小麦丛中且酷似小麦的杂草一样，祸患无穷又无法根除。

很显然，因为组织方式存在差异，所以有很多形式不同的大学。迄今，已经显现出四种模式的大学。一类脱胎于传统的学院形式，一类是以国家名义建立的大学；一类是公认的教会学校，最后一类是私人捐赠者创建的大学。每一种组织模式都有其值得被捍卫的优点，但也存在一定的局限。古老的大学易受传统束缚，年轻的大学缺乏经验和历史沉淀，国立大学容易受到政治的不当干预，以教会为基础的大学容易走向狭隘。

在这些背景之下，我想请你们思考一下大学的品格，是什么样的特质使它与众不同。

在今天的听众面前，没有必要重述人们对于大学的定义或者有识之士对大学的高明规划。但回顾一些崇高的目标也不为过，正是这些目标激励着一代代人努力去建立最高学府。

一所生命力旺盛的大学最闪亮的特质，就是它所焕发出来的对知识的热忱。另外一个近来出现的描述这个目标的词是“献身科研”，我更喜欢这个词。因为它引导我们看到现代科学的曙光，并把我们的努力与300年前人们的努力联系在了一起。弗朗西斯·培根（Francis Bacon）对后来所有思想的产生都起到了推动作用，他出版了一本散文集，被他的传记作家称为是第一本伟大的世俗作品：“在当时有很多书尝试告诉英国读者如何认识知识，告诉人们知识并不仅仅存在于学校、书房和图书馆里，其价值应被应用于更广阔的社会。培根的这本书即为其中的第一本。这本书有一个具体的目标，该目标在当时是很前卫新奇的，现在它已是完成时。”

我们对世界的认识过程非常缓慢。如果一个小行星的发现、一条轨道的计算、一座山峰的测量、对花鸟虫鱼以及任何对“未知世界”的发现不能够形成关联，那么它们将显得微不足道。当学者们将新的发现和已有的知识联系起来时，他们提出定律，定律产生推论，推论产生实验，实验产生结论，就这样从事实到定律、从定律到事实，有节律的互动产生知识，同时这些满怀希望的从事实务的人们已经准备好了把每一个新发现运用到生活实践中去。调查、协作和宣传工作，并不单单由大学完成，但是这些工作放在大学里才更加富有成果且高效。因为那里有大量博学的人、精益求精的人、严谨的人以及怀有信念的批评家，他们相互帮助、纠正和鼓励。已故学者威廉·斯坦利·杰文斯（William Stanley Jevons）在《科学原理》（*Principles of Science*）这本书结束语中的一段话令人印象深刻。在提醒读者数学研究领域的无限宽广时，他说拉普拉斯定理和拉格朗日定律的全部成就就像乘法口诀表的一个小角落，除非对物种或地球有不可预见的灾难发生，否则人类的智慧将会有不可思议的进步。从牛顿和莱布尼茨的时代开始，当时世界的很多问题都已经被解决了，但在此之前，这些甚至都不可能成为人们的研究对象。而我们今天数学推理证明的方法在不断扩展，比如四元数的提出。会有非常聪明的人怀疑凯莱或西尔维斯特的高深学说并可能引入一些新的方法，这些新方法的产生将在未来发现新的知识和规律，这样的发现还会有很多，它们在现在看来可能是非常艰涩和困难的。

让我再举另外一个科学的例子，即便那些对数学不信任的怀疑论者也会承认其超常的重要性。科恩海姆（Cohnheim）是德国伟大的病理学家，于1884年去世。他在介绍他的普通病理学时指出，对疾病原因的研究是绝对没有限制的，因为它是一个最繁杂的科学分支。宇宙物理学、气象学和地质学，以及化学、植物学和动物学，更别提社会科学，都可以为病理学作出贡献。所以这个病理学巨擘用他所有的知识和能力去研究生理功能紊乱的问题。但是怎么减轻痛苦、怎么提高环境卫生、怎么延长寿命，这些问题我们现在都还无法回答。当未来人们完全理解复杂的环境并适应它之后，或许能解决这些问题。

知识的积累与其他形式的财富积累一样，生产之后是储蓄。所以，大学的功能之一是积累经验。如果我们把数学家、天文学家、物理学家、化学家、生物学家、人类学家、语言学家、历史学家和政治家所拥有的知识清空，19世纪将是一个无知的时代。从石器时代、铁器时代和青铜时代一直到现在，人类社会已经取得了巨大的进步。泰勒（Tylor）和摩根（Morgan）的书以及利文斯通（Livingstone）和斯坦利的观察，都向我们展示了不注重历史知识的保存和积累的人类社会将会是什么样子：我们将无法保存祖先的经验教训供后人学习，世间最睿智和最好的东西将会不留痕迹地消逝。大学的任务不仅是把文化永久记载，而且要以一种现代、及时和易于为人们所理解的方式把它们传播给社会，以便人人都能认识人类进步的规律、毁灭社会的危害、推进文明的条件。有些影响深远的重大社会实验，比如说建立地方自治、调和工人与资本家之间的矛盾，或许会破坏社会关系，也可能会成就人类世世代代的幸福。因此，必须研究政治的历史。那么，为了促进社会福利而进行的对人类经验的研究又是什么呢？过去已经有很多伟大的立法者，他们颁布的法典已经通过了大量的实验验证。虽然这些实验已经被记录下来并被解读，但是仍需要许多有智慧的人开展更进一步的研究，以穷尽其中包含的能够促进社会福祉的经验。这样的研究可以在短时间内做出来吗？这样的研究可以由一人之力完成，还是必须依靠受过培训并掌握学习方法的学者们？事实的收集是在封闭的图书馆里进行的吗？格莱斯顿（Glodstone）、布莱斯（Bryce）和莫利（Morley）他们所倡导的措施可能是正确的，也可能是不正确的，但是在这个时刻他们的影响力取决于人们对其历史知识的信赖程度，比如说地方自治的价值。汉密尔顿、杰斐逊、麦迪逊（Madison）和马歇尔（Marshall）在起草美国的宪法条款时，绝非受即时的灵感激发，有充分的证据表明他们学习过联盟政治史，且具有丰富的治理经验。《五月花号公约》（*The Mayflower Compact*）完成于科德角的庇护所，但其核心思想源于那些知道摩西和所罗门法律的人，他们知道什么会促进、什么会阻碍民间和宗教自由的发展，这些事物他们以前在荷兰和英国时就见过。

在莱顿大学，约翰·罗宾逊（John Robinson）的墓碑上记录着他的生活、教学和逝世的情况。人们发现“五月花号”上的乘客之一布鲁斯特（Brewster）是彼得豪斯大学的学生，这所大学与剑桥一样古老。1849年，先驱者们带着他们的想法抵达这个大陆最遥远的另一端，并在那里建立了法律、习俗、学院、教堂、医院等，他们的这些想法来自于他们对大西洋沿岸的悠久历史的学习。

大学是富有教育意义的历史经验的汇集之所，应被视作公共教育的指南。一个更好的社会，意味着它会有更多的途径让有学识的人承担向年轻一代提供最基本的教育的责任，让他们能时时刻刻为学生提供咨询。在教科书、课程学习、纪律训练、教师资质以及奖励荣誉等方面应当倾听大学管理者和从业者的声音。现在的困惑和迷茫表明各个学段的学校都需要进行调整，这种调整必须在那些掌握经验的人的指导下进行。虽然能教好课程的教师并不一定会教育人，但他们总比无知的人更适合提供意见。

内战结束后，利伯在一封写给苏厄德（Seward）部长的信中，强烈呼吁将国际争端提交由大学来解决。他提醒部长，大学的权威和作用已经被解决法国和德国的内部争议所证实，他问道，为什么不在国际事务中也寻求大学的帮助呢？他说："一个小州的著名大学的法律系，足以被选为国际仲裁法院的成员单位。这是一项值得英国和美国去尝试的措施。"他还大胆预言："在不久的将来，内高加索人会选择这样的仲裁者，这样选出来的仲裁者比国王选出来的仲裁者更珍贵。"

在一所大学的功能里，有一个经常被低估或可能被忘记的方面——选拔和培养人才。我这里说的不是天才，他们不需要培养。没有人知道这种事是怎么发生的，就是那些出身于平凡家庭的拥有非凡天赋的人却只能待在一些实力薄弱的学校里面，远离书本和大师。单纯提供一个场所对于教育他们而言并不是重要的。

每一个长时间观察有才能的人的成长过程的人，都必须相信大学的营养供给，也就是所谓的"朴素的生活和深刻的思考"，这有利于培养学者、调查者、推理者、演说家、政治家、诗人和开拓者。这些人很少在自由的荒野中，在旅行和经商过程中，或者在个体的隐居生活中诞生。如果远离大学，单纯的图书馆和博物馆也不能使他们成才，他们也很少能由实力较薄弱的学校培养出来。虽然也有例外，但是人类文明的历史表明，有前途的年轻人应该有更多的机会和其他有识之士进行思想交流和碰撞，既包括当代也包括过去的思想，既包括他们的同伴也包括他们的教师，既包括他们的统治者也包括他们的朋友。如此，大多数人才能抓住机遇，机遇也会成就这些人才。当下，我们这样一个国家更应该有理由不惜代价地激励这些有天赋的人成才。确实有可能富人比穷人更需要学术荣誉的刺激；当然，科技知识创新能促进社会发展，因此无论哪里产生了新知识，我们都应发挥其潜能创造更大的社会效益。

主教纽曼在一篇文章中谈到艾萨克·牛顿对数学、物理的一些定理的认识，这些在当时还无法证明，但西尔维斯特教授在一个半世纪后通过确定方程的根的方式证明了牛顿定律。他还说人有一个很重要的天赋就是“对人的直觉与感知”，就像医生诊断病症、警察调查犯罪一样。

莫里斯是我们这个时代伟大的神学家，他是大学教育的倡导者，提出应该给“那些生而富有且希望定居英格兰的人发一个训令，让他们说明为什么不努力奋斗成长为柯勒律治（Coleridge）（英国湖畔派诗人）所称的知识阶层这样的主张”。

促进文学的发展也应当是一所完整大学的使命。在大学里你总有可能找到人文学科的爱好者；定居在这里的人，也总有人了解雅典戏剧家、奥古斯都时代的诗人、中世纪的史诗作家、乔叟和莎士比亚，以及每一个被广为赞颂的文学领袖。在大学的教室里，年轻的一代应该接触这些杰出的人。一方面，应该要求他们追求卓越，向他们展示文学的乐趣，告诉他们现在这个时代鼓励创作，而且培养他们掌握批判的原则，并远离刻意讽刺和吹毛求疵的毛病；另一方面，也要避免过度崇拜和过度同情。

今天，常见人们哀叹公众的品味走向庸俗和堕落。这一点被公共图书馆里毫不知耻的自我宣扬和书摊的炫目广告所揭示，但要记住，对优秀作品的宣传和推崇也会发挥应有的作用。莎士比亚从来没有像今天这样被阅读和研究过，人们也从来没有像今天的年轻人一样如此熟知乔叟；《圣经》从来没有像今天这般广泛地被阅读过，其译本也从来没有像今天一样唾手可得。这一切都应归功于大学的作用。但在未来，我们要比以往任何时候都更关注文学和艺术的研究。如果在每个学习的地方都有一个像华兹华斯（Wordsworth）、坦尼森（Tennyson）、布朗宁（Browing）、阿诺德（Arnold）或洛厄尔（Lowell）一样的老师的话，那将是何其的幸运！

在大学的所有特质中，我认为应该还包括对科学理想的守护和科学精神的延续。每个时代都会有人认为科研是宗教信仰的敌人。尽管大学是基督教教会的孩子，尽管在很长一段时间里人们期盼大学的建立得到教皇的认可（即使不是必须的），尽管这个国家最早的大学是非常正式的、具有宗教性的，尽管几乎所有的教派都想拥有自己的大学，但是现在仍有一些言论，认为高等教育会对宗教精神和宗教生活产生不利影响。如果是这样的话，许多人应该更愿意看到学术殿堂一夜之间倒塌，岁月的财富化为灰烬。但幸运的是大学并没有处于这样的危险境地。杞人忧天者是怯懦的。那种担忧知识会对敬畏、正义和信仰产生致命影响的想法是幼稚的。近来，大多数科学发现越来越趋于认为科学是一个伟大设计师的精心设计。心理学和历史学研究的结论，正在证实像所罗门一样古老的法则的正确性。这个法则就是，真知使一个国家发达。所以我们可以确定基督教两个本质的要求——爱上帝和爱你的邻居（法律和预言得以依赖的东西），大学是在强化它们而不是削弱它们。我们也可以放心，那些把发现真相作为终极目标、把传播真相作为一种必要的道德义务的机构并不会成为祸患的开始。个体会犯错，也许一代人都在践行错误的观念；权威的学者会在一段时间内迷惑普通人，但错误就像疾病一样，纠正之前必须被清楚地理解和解释。没有什么比确保智力和道德上的正直更能激发人们形成习惯、发现方法和执着努力，并以此发现真理。

1872年，伟大的神学家杜林格（Döllinger）在慕尼黑大学400年校庆的演讲快结束时指出了时代的危机，他获得了持续的掌声。他说：“谁知道在某个时期德国会不会被困于牢笼之中，没有阳光和空气，成为一个被称为唯物主义的地方？这是国家走向毁灭的前兆。但这种情况只会发生在当德国的大学忘记了自己的传统，并屈从于一种可耻的昏睡之中，浪费它们最好的财富的时候。这绝不会发生，我们的大学将形成坚不可摧的保护墙，以抵御任何洪水猛兽的冲击。”

高水平的教育也可以说是大学的功能之一。在欧洲大陆是这样，英国也是这样，其他地方也该如此。我们的祖先因为条件有限，将资源放在那些最为基础和一般性的教育功能上，后来国家建立了独立的职业学校（上文已经提到过）。这些学校也被认为受到大学的庇护，人们将其看作“被收养的孩子”，它们已经准备好接收为开展学术培训而提供的资金，但是没有任何官方宣称它们应承担大学的部分功能。这种情况对国家造成的伤害是显而易见的。职业教育在各地都有可能成为（在很多地方其实就是）技术教育的场所而非进行通识教育的场地。学者们不被鼓励去精通那些最基础的研究，也就是创造一流技术所需要的知识创新研究。众所周知，许多医学院的毕业生都无法进入名校，因此，我们应该思考这是正确的吗？拥有一项专利药品比拥有一座金矿更好吗？有一个睿智的人曾经说过，对于一个国家而言，没有比不让其国民受教育更恶毒的诅咒了。然而在我国，神学院脱离教堂是多么普遍的一件事啊！律师经常被训练如何在法庭上辩护，而后发现他们不能胜任更高级的司法和行政工作；国会议员和州立法机构的议员通常不能承担他们的职位所赋予的使命。我完全不相信大学里的法学院、医学院、神学院、科学院，可以在一天之内解决这些科学、宗教、政治领域中的问题。但是，如果客观世界的经验可以提供给我任何有价值的东西的话，那么没有什么比在组织得当的大学里获取这些经验更高效和更直接的地方了。在这里，每一个研究领域都被人们持续地探索着，每一项研究也都被博学睿智的教师指引着。此外，在现代社会中，科学的发展，促使每一领域都需要从业者掌握通识知识，这和法律、医学或神学等职业是一样的。研究现代科学的学院可能确实没有受到大学的眷顾，从另一个角度看，这也可能转化为发展的优势，使得它们在早期的发展中远离传统学术的影响。但是，科学学院是现代大学的合法分支，在发展过程中与大学逐渐建立了稳定的关系。在最近的报纸上出现了一个令人振奋的消息，据说英国的剑桥大学完成了新的学科设置，工程师学位成为了容易获得且有价值的学位之一。

另外我想说的是，大学还有一项优点，就是能为人们提供休养生息、静心求学之所。现代文明越来越多地分散着人们的注意力，报纸将人类的冲突和碰撞带入我们的日常视野，书籍日益增多，期刊越来越不可或缺，技术发展越来越快，必须出台一些矫正措施。否则，人类除了在交易所中赚钱和享受物质之外，再也无法享受精神生活带来的快乐。19世纪的浪潮已经对大学产生了影响，打破了知识的宁静。一位在公共事务方面经验丰富的人说，一所伟大的大学应该是“接受教育最好的地方、最伟大的研究机器以及最美妙的休养场所”。毫无疑问，这是真理，但只对了一半。大学有丰富的资源用来培养研究者、学者、思想者、哲学家，在岁月的河流里人们可以感受到这里的资源足够丰富、人才足够博学和睿智。大学可以保证人们内心安宁，这不仅使那些身处其中的学者受益，对那些愿意接受大学影响的人也同样适用。不管他们来自哪个国家，许多品格高贵的教授投身于知识的传授，致力于对不朽文学的追求、奇妙抽象的数学推理、历史迹象的发掘以及对人类的文明进程和宗教信仰的研究，这既是一种富有生产力的宁静，也是一种可以生发哲学思考的热情。这对当下我们的国民来说相当重要。悲观厌世者的哭泣和盲目乐观者的幻觉使人们偏离了正确的轨道，也使人们偏离了心智的理性，而正是这份理性才能使人们发现并拥有希望和勇气，以追求更加美好的生活。

我说的这些，都表明大学是一个比学院更高级但并不与之互相排斥的机构，这种思想有时会被迷雾所遮蔽，但从未失去它的光辉。这一思想，和我们大学教育的先驱者所秉持的理念是一致的。我已经向大家阐明了支撑大学这一概念的诸多特质：增进学习，保存知识，培养人才，提升精神生活，培养文学素养，提高专业标准以及为人们提供休养生息的场所。

我还希望提出一些额外的实用的建议，希望能在这所学校得到认可。

我们应该寻求富人的慷慨解囊，以资助学校的发展。靠联邦政府或者州政府提供足够的资金来发展高等教育的可行性，是值得怀疑的。在东部，越来越多的州开始限制小学和中学的教育拨款。就目前的状况而言，任何一个立法机构都不能给高等教育提供足够的财政支持，现代政治中的民选代表也不具备足够的智慧来开辟一条发展伟大大学的道路。事实上，教会的热情看起来更容易被激发。渗透着基督教精神的大学概念，可以鼓舞每一个信徒的心灵。它似乎能把宗教和科学联系起来，共同服务于人类。

如此情况下，一个天主教的大学很有可能不久之后就会建立起来；如果它成功了，这个成功的案例可能会催生一个具有相同目标的新教徒联盟。但我相信，如果这个国家的每一个宗教派别都想建立一所自己管理的大学的话，那么对这个国家的宗教进步来说是不利的。大学发展所需要的受捐数额是小额捐款无法达成的，大额捐赠是必需的。因此，在这片富饶的土地上获得了巨大财富的人应当从慈善事业的长远效益考虑，为最高学府的发展慷慨解囊。在我们美利坚合众国的荣誉簿上，就有一份这样的捐助者名单。经验表明，没有比投资教育更安全的投资——没有哪项事业像教育这样更持久，没有哪项事业像教育这样能带来更好的回报。

有人认为我们的国家需要很多大学，这是一个常见的错误观念。恰恰相反，我们只需要少数的几所，并且这几所必须是实力雄厚的大学。将办学资金分散是最大的危险，教师被隔离，学者们离开适合他们的领域。一些大学之所以这样做，是因为经费不够，却还要勉强开设研究生课程。我们应该将那些有影响力的教授汇集到实力强大的大学，以扩充它的资源，同时只有在确保新大学的实力能够日益变得强大的前提下，才鼓励设立。现在只有六七个这样的机构，在它们那里花费100万美元会比使用300万美元建立新机构带来更多的效益。没有什么事情比严格执行这个《圣经》戒律更值得我们谨记："赐予富者，富者益富；征收贫者，贫者益贫。"

还有另一种危险，我需要提醒大家加以注意：对大学功能的不正确认识，会影响年轻人在大学的课程选择。那些观察调研过大量毕业生就业倾向的人肯定已经警觉地发现了这样一种现象，学生们倾向于把他们的注意力放在一些专门的领域上。不幸的是，其中的大多数人完全依赖赚到的薪水维持生计。他们求学的目的和我们施教的目的并不一致，他们求学就是为了获得学位，只在一些有限的领域中有特殊的造诣。可悲的是，他们学成后能提供的服务，在市场上可能没有任何需求。我可以毫不犹豫地说，我们这个国家的大学如果走向不成熟的、过度的专业化，就像“许多水手注定只能在失事的船骸上工作”。即使在专业化备受青睐的德国，人们也发出了同样的呼声——专业的人太多了，大学候选人太多了。如果在几年的时间里我们培养了大量具有专业能力但毫无用处的人的话，那将是我们国家的不幸。的确，我们的大学尚没有产生预期的结果。然而，大学的作用不应仅仅局限于传播课程知识，更应培养学生课程知识之外的能力，增加他们的知识。如果他们学习到如何传播知识的艺术，如果他们能够掌握分寸感并以正确的角度看待他们的研究主题，如果他们能夯实他们的基础，这样他们就会有所收获，而不必花更长的时间去为谋生做准备。那些受鼓励去从事某一特定职业的人，其中有很多是可以拓展我们文化的人。我现在不是指那些已经拥有财富的人，也不是指那些可以随意就能谋生的人。我心里想的是那些以获取学者声望为奋斗目标的人，如果他们不排斥那些富有挑战性、创造性的研究，不排斥那些可以给人们带来优雅、尊严的研究，他们将成为更快乐和更有用的人。当然，每个人生存的第一要务都是赢得面包，但是，如果他能做到上面所说之事，他将可以随意地漫步于草原和森林。

面对那些努力推动这个国家的制度以发挥其最大效用的人所遇到的困难，我们可以从对其他国家和其他时代的研究结果中、从历史经验中获得巨大的鼓励。只有经过长期的反思，才能学到最有指导性的知识。欧洲大学的历史，还没有被完全书写。因为缺乏一个思想深邃、能准确把握欧洲大学的各种塑造力量、能够理清其社会服务职能的人。但目前，已有许多关于著名大学的历史或杰出教师的著作和传记，许多关于文学、科学和教育的调查，以及许多精心设计的组织架构和改革建议。大师的心灵的确需要记录，供我们学习和敬仰。但美国学者不需要等待如此全面的作品，美国慈善家也无须延迟他的捐赠以等待更多的经验出现。数个世纪以来，关于大学品格的观点虽有不同，但总体上是和谐一致的。从文艺复兴到现在，从500年前的巴黎大学校长格尔森（Gerson）的时代开始，人类文明的每一点进步都是依靠知识的影响力实现的。他们的光彩，照亮了基督教世界里最重要的那些国家。在未来的日子里、在远比过去更多的日子里，人们会感受到大学的善意力量给人类带来的福祉。让我们希望并相信、让我们努力并祈祷，当它们完全建设好的时候，美国大学将成为最强大、最优秀的助力社会发展的根基之一，成为知识、美德与信念的坚定推动者。

第四章 谢菲尔德科学学院

半个世纪的对话，1847—1897

耶鲁大学，1897年10月28日

我不会忘记那些无名捐赠者的贡献。在很大程度上，正是他们造就了我们现在的生活。他们在人们追求时代进步的过程中，处于重要位置。

特别需要强调的是，有一些人贡献特别突出，而成为这些贡献者中的领导人和代表。杰出先人们的天赋、努力和思想充溢着我们的精神世界。如此的成就可能来自于那些贯穿一生的平凡琐事，也可能来自于在逆境中的可贵品质。但正是这些力量，无时无刻不在帮助着我们。如果我们希望接受他们全部的馈赠，就必须虔诚地铭记他们。

为此，我们满怀感恩地庆祝，但这并不是终点。

威斯克主教（Bihop Westcott）

这是一个既需祝愿又需回首的时刻。此刻，我们满怀荣幸地回首半个世纪的历程，追溯其中缓慢但从未走向歧途的每一步。正是经过那些身无分文、无名无姓甚至居无定所的一代又一代人的不断开拓，我们才取得了如此辉煌的成就。这些人后来物质富足，备受爱戴，广受崇敬。他们仍然拥有着年轻人的纯真激情，追寻着崇高的目标。这些崇高的目标如壮丽的自然景观一样引人入胜，如造物法则一样包罗万象。

全面回顾创立这所学院的先驱们以及这一过程中的重要事件，是简单且有益的事情（这其中包含着在创立这所学院的过程中发生的一些浪漫且意义非凡的事情），但是想到本次盛会的庄严、远道而来的贵宾以及谢菲尔德科学学院同美国高等教育之间的密切联系，我感觉不应该这样做。因此，请容许我把我们内心深处对先驱们的爱慕、感恩以及鲜明回忆放在一边，而在这里总结和回顾他们与时代、与19世纪下半叶的科学进步间的密切联系，只有这样才对得起先驱们的智慧及兢兢业业的工作。

如果古董家[①]现在能够出现的话，你肯定能想起他的工作已经出色地完成了。如果我有《清教徒》(*Old Mortality*)中的华丽词藻，你可能提醒我苔藓还未在偏远的坟茔生长。一个是大学、一个是科学学院，虽然二者的关系看起来“近在咫尺”，但即使是“百眼神”和“百臂神”也需要确保这场讲述能够穿越历史的年轮，而且它必须是历史性的。

面对着这些困难，尤其是面对遥远的历史间隔和陈旧的古文典藏，承担着这样的一个任务，我清醒地意识到你们的信任所赋予这项任务的荣耀，我很感激能有这样一个机会站在曾经的同事、学生和朋友面前来分享我的一些看法。

对于一个返乡的游子而言，怀着忠诚的爱慕与热忱之情，很高兴看到他所热爱的大学在其200年校庆之际以更加全面、更加有益、更加自由、更加有价值的面貌重新焕发生机。

1847年是我们的起始年，但也应该提一下在此之前发生的一些事情。毫无疑问，耶鲁学院一直代表着对于科学的追求。所以一点也不惊奇，在伍尔西主席就任系主任之后，这些创建哲学与艺术系的先驱们就已经隐约意识到了他们工作的重要性。他们并没有意识到他们在发展一种新的力量。布莱斯先生在他的《神圣罗马帝国》(*Holy Roman Empire*)中评论道：公元前476年，

①《古董家》(*The Antiquary*)小说中的主人公。——译者著

是一个连中小学生都被要求记住的编年史中最为重要的日期，也就是罗马帝国崩塌的年份，对于生活在当时的人们来说，它的历史意义不同于其对于后来人的意义。

正如大量的证据所呈现的那样，在我们的学术编年史中，1847年的那个貌似平常的公告是这样写的：“耶鲁学院很早就意识到给毕业生提供某一项专门学术知识的重要性，这些专门知识是目前没有提供的，或者个体学生所不愿追求的。”

因此，哲学与艺术系就建立了。就是根据这样一个简单的宗旨，在全国范围内的研究生教育就这样开始流行起来了。一份用语晦涩的相关手稿陈述道：

“西利曼和威廉·诺顿（William Norton）教授在学院的土地上兴建了一个实验室，目的是服务于将科学应用到艺术与农业的实践教学工作中。”

于是谢菲尔德科学学院诞生了，延续着一种机遇、一种渴求、一种希望、一种信仰，而它获得的支持只是一个空空如也的钱袋和渺茫的愿景。

贵若黄金的开拓年代，
如饥似渴地滋养着橡果，
待春来花开满树。

现在我来阐释一下创建谢菲尔德科学学院动机的演变过程。它最初的产生，是为了呈现它包含的元素，它受到的精心培育和它经历的风暴与压力；这个想法是根植于相信自然及其法则的时代精神的肥沃土壤之中的，为了更好地理解这个想法，我们必须考虑19世纪中叶人类的生存状态，和盛行于欧美的通识教育所面临的境况。新旧之间没有里程碑，但我们之中的年长者必须清醒地知道1847年前后的时代，与如今的时代大不相同。那时，文明国家的教育、宗教、工业、商业、科学与艺术正经历着巨大的变化。与在加州和澳大利亚发现黄金、在南非发现钻石之前的我们的先辈所处时代相比，现在是一个更自由、更富饶、更复杂，事实上也更有智慧和更加幸福的时代。科技灵光闪现的一刻，照亮大地与海洋，彻底变革了人们的生活方式，加速了国际交流。或许这也是造物主给我们的祝福，送来了镇痛剂与消毒剂，祛除了病床上的人们对于痛苦的恐惧与焦灼。

正是本世纪中叶，进化论的思想得以公开传播，它已经渗透到自然历史研究的每一个分支，并对医学、考古学、社会学和历史学产生了深远影响。这个时期正如近来历史学家们所描述的那样，恩培多克勒（Empedocles）、赫拉克利特（Heraclitus）、亚里士多德这些先哲的理论在查尔斯·达尔文（Charles Darwin）的著作中被完美地诠释和表达出来。1858年7月1日，是一个像哥伦布发现加纳岛一样值得铭记的日子。在这天晚上，达尔文和华莱士（Wallace）的划时代作品在伦敦林奈学会被宣读。但是不应该被忘记的是，早在16年前达尔文就写出了《物种起源》（*Origin of Species*）的草稿，有着惊人自制力的他将手稿长期保存起来，并耐心地对节肢动物又进行了长达8年的研究。阿奇博尔德·盖基（Archibald Geikie）爵士令人信服地指出，《物种起源》中关于地理学的两章给当代地理学理论带来了革命性的变化。1860年，赫伯特·斯宾塞（Herbert Spencer）公布了他的哲学理论体系，9年前他已经有一本名为《社会静力学：人类幸福的必要条件及其第一个条件的论证》（*Social statics, or the Conditions Essential to Human Happiness Specified and the First of Them*

Developed）的书出版。很长时间以来，莱伊尔（Lyell）都是英格兰古生物学的权威，但是他那阐述人类远古时代的惊世骇俗的书籍在《物种起源》出版5年之后才出现。然而，现在不是讨论这些书籍产生深远影响力的时候，也不是探讨它们所引发的争议，比如说我们所熟知的阿加西斯和格雷（Gray）之间的争论的时候。我把它们列举出来是想说明19世纪中叶人类智力探索方面的非凡成就，以及人类思想方面所发生的巨大转变，而这所学院正是这些事件的历史见证者。

一位杰出的博物学者曾说："这场运动最重要的贡献在于所有有思想的人逐渐达成的一个共识，也是被连续不断地发现所证实的真理，即自然现象是统一而有秩序的，并且可以通过科学的方法来发现。"

在物理学领域，其变化可谓天翻地覆。从热量的动力守恒的决定因素的发现开始，力学相关理论在1842年到1862年被迈尔（Mayer）、格鲁夫（Grove）和焦耳（Joule）发现并发展起来，法拉第正处于创造力的巅峰，赫姆霍兹和开尔文勋爵的事业才刚开始。1830年，一位名叫约瑟夫·亨利的教师发现了电磁学现象，这一发现促进了电报的发明，给人类的交流带来了革命性变化，这一发现可以与卡德摩斯（Cadmus）的发明相媲美。而能够解析白炽灯的构成要素，并且能够分析遥远星辰的化学和物理学属性的光谱分析技术，在当时还未出现。

现在，我们回望一下50年前数学和天文学领域的发现。拉普拉斯（Laplace）已经去世20多年了；威廉·尤恩·汉密尔顿（William Euan Hamilton）爵士已经公布但还没有出版的新微积分理论，这将使他排到最伟大的数学家的前列；凯莱、西尔维斯特和赫米特（Hermite）正在进行科学上的探索，这些发现使他们在科学史上声名显赫。这些人的抽象思维能力是一般人望尘莫及的，但是这一点也不适用于天文学，对于每一个人来说，徒步旅行者、牧羊人和哲学家一样都对天体科学的进步充满兴趣。在我们的记忆中，没有任何一个纯粹的科学发现能够像海王星的发现一样让人们如此的印象深刻。亚当斯（Adams）和勒韦里耶（Leverrier）预言并最终在1846年9月23日证明了海王星的存在；柏林的天文学家应邀将望远镜瞄准所预测的位置，首次发现了一个星球，那个巨大的球体宁静而遥远地在无数岁月间绕着太阳转动。这一巨大发现就像欧若拉战车前的那些火炬接力者一样，成为了一系列天文学发现和望远镜技术重大改进的前奏。

新的天文学发现弥补了旧的天文学理论，天体物理学和解释宇宙奥秘的天体机械学并驾齐驱，它们同海王星的发现一样令人惊奇，同星体的命名及星空地图的描述一样神奇。更为卓越的是，天文学可以告诉我们每一个天体的组成。这是我已经提到过的光谱分析的胜利，这是化学与物理学带给天文学的贡献，是基尔霍夫（Kirchhoff）和本森（Bunsen）于1859年所做的研究进步的必然结果。

我如此冒险地夸大上述令人惊奇的科学事件，试图用一页纸描述全部科学发展的概貌，就像伊卡洛斯（Icarus）的飞行一样，注定是要失败的。因为科学发展不仅只局限于上述领域，其他领域的科学发展也必须被提及，哪怕只用只言片语来描述。想想将古生物学和岩石学知识包含在内的地理学；再想想化学，包括氩元素在内的新元素不断被发现（就像人类发现海王星一样重要），还有它对农业、冶金、药学、色彩、食物、调料等带来的不可估量的贡献；再想想机械工程学，人们由此而获得的对物质与力的控制方法，这些知识被广泛用于军械、轮船、发电机、发动机、氢气、飞机制造和桥梁、隧道建造等；再想想冶金术、气象学、测地学、勘探术、航海术、空气静力学等科学领域的发展。这真是不断创造奇迹的半个世纪，为了知识的进步，那些能力超群的人进行着耐心的、无偿的、默默的探索。

举世公认，这是一个电力的时代，这一科学分支的发展历史证明了法拉第的一句话，这句话曾经被我们这所学校所引用："世上再也没有比抽象化更能产生价值的东西了。"每一个科学领域的学者们，都在为这场科学的发展全力奋斗、全力奉献。每一次进步都会拉近人类和那些神奇现象的距离，也会促使人们在思考那些超越理性的东西时变得更谦恭。获取的真知愈多，由心而生的崇敬感愈浓。

头脑与心灵遥相呼应，
就像曾经那样碰撞出美妙的音乐，
但此刻更为宽广动听。

当然，不同的人对近些年科学上所取得的成就的评价会有所不同。一方面，在街头巷尾，人们谈论更多的是埃菲尔铁塔、悬空桥、新式战舰、跨大西洋电报或者某一次伟大的探险。另一方面，学者会更喜欢谈论在历史、语言、政治、经济和宗教等领域中使用的研究方法。不过，在这次集会上我想特别强调的是，过去半个世纪人类智力活动取得的最伟大的五个成就是：进化论理论体系的建立，能量守恒定律，数学的进步及其对物理、机械、电力和天文研究的促进，光谱分析的发展及由此而发现的光电现象，细菌的发现、功能及其对生物体的影响。如果还有的话，可能是实验心理学的诞生，虽然它可能极具影响力，但它仍然年轻，其影响力还没有得到充分的展现。

是时候把话题从科学转向教育了。在法拉第、达尔文和赫胥黎之前，在阿加西斯、丹纳和惠特尼（Whitney）之前，拉丁和希腊的经典作品以其不可撼动的地位统治着英格兰和美国的通识教育。这些经典虽然益处颇多，但却受到了过分夸大的赞誉。正如人们经常引用的威廉·汉密尔顿爵士的话一样：再没有什么比要求每一个学生都学习经典这件事更能糟蹋经典了。为了说明这一点，没有必要去引用经典教育的反对者的言论。一位对于古典知识了解深厚且热爱经典名著的学者弗里曼的话，很好地回答了这一点。他说，在它的所有形式和阶段中，经典的复兴孕育了这样一个观念：希腊和罗马的某一历史阶段的语言、艺术和历史形式，成了每一个文化人必须学习的唯一形式。虽然很难用语言说清楚，但是实践中人们确实是这样做的。学界形成了这样一种观念，拉丁语和希腊语以及与之相关的一切都占有优先的位置，并且以“经典”之名排除对其他一切知识的学习；它们形成一个神圣的领域，任何亵渎这一领域的人都将被排斥在外。这种优越感，导致了人们对于神圣领域以外其他领域的蔑视甚至无知。并且，这种优越感在我们今天这个时代远还没有消失。更值得注意的是，它阻碍了我们对于那些神圣领域的本质的探索，它使得人们把经典研究从对人类的探索之中剥离出来。

在很大程度上，这样一种责难（如果可以称得上是一种责难的话）是针对美国的。通识教育所带来的机遇、荣耀、欢乐和奖励在本世纪的上半段得到了充分的展现，特别是对于那些在预备学校接受古典语言训练、并在接下来的大学教育中继续接受古典语言训练的人而言。

为了说明这一点，仅需要查看本世纪前50年主要大学的课程表，或者查阅1854年以前耶鲁大学刊登的为古典教育辩护的文章即可。那时候有一些建立新学科的零散机构，但直到1847年才有西点军校和特洛伊大学这样成型的、进行技术教育的机构。惠特尼清晰地认识到包括他自己在内的文人群体贬低了科学教育的目标和功能，为此他写了一本小册子。这本小册子即便没彻底消除人们的偏见，也在一定程度上减轻了人们的偏见。即使在今天，重读这本小册子也是激动人心的。

但是在德国的一个小镇上，早在1847年之前的20年就有一股力量崛起，注定要影响整个教育界。关键在于它所拓展的知识的边界，首先是在化学及其相关领域，而后深入每个自然科学领域。这个小镇就是吉森小镇，我说的开拓者就是李比希，他使用的方法就是实验教学法。威廉·H.韦尔奇（William H.Welch）博士后来在费城的一场演说中，回顾了这一天才发现带来的影响。

另外一个事件也促进了科学教育的发展。本世纪中期在伦敦举办的第一届万国博览会，向英语世界的国家展现了科学发展给欧洲大陆国家在工业各领域所带来的成就，英国惊醒了。那一天的报纸，尤其是伦敦的《泰晤士报》（*The Times*）激烈鼓吹改善学校教育方法，完善人才培养方案，尤其针对那些化学家、矿工、工程师、地理学家、制造者以及所有能够促进英国繁荣的技术开拓者。因此，出现了南肯辛顿文理学院和博物馆，剑桥大学的伟大的科学学院及卡文迪许实验室，牛津大学的新博物馆以及其他令人注目的进步。从那时起，英国的科学教育取得了快速的发展。但是，德国、法国和其他欧洲大陆国家在这方面依然具有优势。现在，就像那时一样，这些国家的实验室建设以及政府对科学研究的鼓励，引起了美国政府以及教育界的关注。

在本世纪中叶，教育所承担的进行知识探索和传播的责任比以往更广博深远，难道这不是显而易见的吗？在这种时代精神的熏陶之下，史密森发起了一笔非常有名的遗赠，人们纷纷效仿，捐赠数额相似，甚至更多。这是多么辉煌的慷慨壮举啊！文明的火种从马萨诸塞州海湾传播到金门大桥。

在各种地理发现以前，一些小岛和海岸或者沙漠中的偏远、荒蛮的国家，现在已经发展到大洲的级别；大地、空气、海洋甚至其他天体空间正在响应呼唤，向世界展现它们的真容；精准测量的重要性得到广泛认可；精密仪器变得更完美、更复杂、更丰富。这些成就的取得，来自于促进了科学与工程技术进步的能工巧匠们。数学与工程建设、技术发明之间形成了密切的联系。镜片的改进及其组装技术的提高，还有就是凹镜打磨技术，充分体现在望远镜、显微镜和其他许多镜像装置上。天文、物理、机械和工程研究焕发了新的生机；自然史超越了系统的局限；出版物成倍增长；国内和国际上的新协会层出不穷。专业化发展成为主流，在洪堡逝世之前，通才时代已经成为过去，新的纪元已经开始。

在所有的进步当中，最为瞩目的是科学的发展而不是财富的积累，是真理的发现而不是个体的成就。为什么达尔文和丹纳在身体堪忧的情况下还殚精竭虑？为什么法拉第当时放弃了丰厚的商业回报？为什么阿加西斯无暇去赚钱？可以肯定的是，他们不是不向往生活的安逸，而是因为他们认为对自然的研究和知识的进步而言，个人的享乐微不足道，而且无私地增进人类的福祉，是有能力的人的动力之源。我还想说的是，科学领域的每一次进步都给人类幸福带来了巨大的回馈，科技进步体现在麻醉剂和杀菌剂的发现（伴随着可卡因鲜为人知但十分重要的进步）、电的应用、水平地理学和导航技术的进步、预防药物和卫生科学的发展、手术技术的改进等方面。

在这样一个科技发展如同文艺复兴一样璀璨，令人铭记的辉煌时代，谢菲尔德科学学院很快度过了早期阶段。一个炼金术士可能会问“是什么样的哲学之石能够提炼出如此丰富的贵重金属”，即对于我们这所学院要达成的目标而言至关重要的因素是什么？炼金术士的志同道合者——占星师，夜观天象，给出了“决心比黄金珍贵，热情比白银更有价值”的回答。

因此我们得出结论，今天的庆祝之所以如此重要，是因为在过去半个世纪创立的机构中，耶鲁学院的谢菲尔德科学学院在促进科学研究与科学教育这件事上占据了突出的位置。正是这种与人类进步的联系，使得学院的日常工作具有重要的历史意义。如果没有远大目标的指引，日常的事务将变得无足轻重，而正是因为有了这层联系，才赋予了日常事务高尚的品质。这些远大目标被传播、宣扬和贯彻，影响深远。

当我讲到这所学校的组织架构时，我不打算把功劳归于这个机构的领导群体。但他们中的一个人——本杰明·西利曼，就像我们这个社区中科学研究的动力源泉，理应备受崇拜和景仰。这并非因为他具有促进公众对科学产生兴趣的能力，也不是因为他坚持定期发行《美国科学学刊》（*American Journal of Science*）的执着，而是因为多年来他对很多个注册入学学生的辛苦栽培，他让这些年轻学子进入他创立的实验室，能够观察、享受到里面丰富且无可匹敌的矿物收藏。本杰明·西利曼为应用化学学院的建设铺平了道路。还有一人不得不提，那就是留学归来的伍尔西。他成为谢菲尔德科学学院的主席后，扩展了学院的研究领域，将其发展为哲学和艺术系。他使得我们这所学院除了在教学资源建设上，更重要的是在研究广度和精神上不输给其他为人所熟知的如波恩、哥廷根和柏林等欧洲各地的学院。

近30年以后，有一位熟悉这一发展历程且备受爱戴的学院创建者公开地说：“一开始教授们历尽艰难，虔诚工作。为了将本校建成科学研究的重镇，不计成败，砥砺前行。在我看来这种品格在全国无出其右。当下本校取得的荣誉离不开教授们的奉献和捐赠者的慷慨解囊。”我想，我们的前主席听到这些话会备感欣慰。

我需要提醒大家注意一个事实，这一事实被明确记录在册却鲜为人知。最早可回溯到1814年，几个毕业生在耶鲁学院注册成为一个特殊的班级。1819年和1820年，注册人数分别是30人和31人。这说明这所学校的研究生教育在哲学与艺术系建立的30年前就已经开始了。

1846年，两个年轻人决定投身于应用科学，准备走入职场，被耶鲁学院聘为“大学教授”。这是一个神奇的巧合，哈佛和耶鲁两校大度友善的引领者几乎同时开创了科学教育的先河。阿伯特·劳伦斯·洛厄尔于1847年对哈佛学院的捐赠促成了对伟大的阿加西斯的任命，他立即建立起了一所由霍斯福德（Horsford）担任负责人的化学实验室，而霍斯福德是李比希的学生。

耶鲁学院任命的两位教授之一，约翰·诺顿（John Norton）热爱农学，且在爱丁堡和乌特勒支接受过扎实的学术训练。对于领导一个化学实验室并承担了与农学相关的科学教育任务，他足够胜任。约翰·诺顿完全沉浸在现代科学精神之中，不久他周围就聚集了一批年轻的化学家，他们立志在化学领域做出杰出贡献。他们中的三个人后来成为了教师，现在和我在一起，他们的成就、影响与卓著品格，深受学生的爱戴。

任命中的另一位就是小本杰明·西利曼，一个富有激情、活力十足、和蔼可亲的人，给予应用科学巨大益处以及重大的期待。这两个人的工作不久都被阻断了。一个转向了路易斯维尔和纽约，从事其他领域的工作，另外一个则在盛名之时不幸逝世。我一直在想，这所学校当时如果得到了物资上的捐赠会有什么不同的结果。约翰·诺顿努力兼顾在奥尔巴尼和纽黑文两个地方的工作，结果就是不得不承受着冬日来回穿梭的旅途之苦，而西利曼被迫去寻求更有经济收益的职业。这就是劳恩斯伯里（Lounsbury）所说的那段时光："学院即使有资金也另有他用，不会用于发工资。教授们虽然富有激情，但当时没有人关心科学研究在教育系统中承担的重要角色，大家的印象是化学如同美德一样，看起来只能令人获得自我满足的快感。"

谢菲尔德科学学院的初期发展并不顺利，彼时来看它的未来暗淡不明，幸好后来有了新的力量来支撑。另外我特别想说的是，后来有人为威廉·诺顿教授兴办土木工程专业提供了便利，他的同事约翰·A.波特（John A. Porter）开设了化学专业。这些师资的引进是十分鼓舞人心的。威廉·诺顿是一位可敬的老师，在西点军校经过严格训练，刻苦、严谨、全面，熟谙本领域科学研究的发展动态，并总能激发学生的潜能。波特也是李比希的学生，他既是一位文化人，也是一位科学家、诗人、哲学家，还是一位爱国者，就像艾略特校长所指出的那样，他十分相信新式教育的价值，千方百计地利用自己的影响扩大本校的办学规模，在很多年里都是学校发展的能言善辩的倡导者。

后来就到了学院的快速发展时期，这都归功于一个人，我们每个人都可以立即说出他的名字，他就是这所学院的创立者约瑟夫·E.谢菲尔德（Joseph E. Sheffield）。谢菲尔德先生的捐赠金额从五千美元扩大到百万美元，这一历程为我们熟知，在此没必要特别回顾。人们认为他就像学院的“父亲”，故而以他的名字命名。他勉强接受了我们的这一做法，而且从没有忘记这个“被收养的孩子”。在他最后的遗嘱中，这所学院分得了和他的子女一样的资产。这所学院于1860年被命名。

谢菲尔德先生作为学院的创始人，是我们以及后人都认可并致敬的。关于他本人我们很想了解却知之甚少，如果熟识他的人愿意说出他的故事，世人恐怕会比现在更加崇拜他的远见、谦虚、细致和无私。学院的发展与他的慷慨解囊密切相关。这一点体现在学院的账单上，也体现在各类大小事上。“每当我看到那所学院时，我都能得到精神的奖赏”，这是他回应对他表示感激的人们时所说的话。“没有比这收益更多的投资了”，这是他另外的一句话。他曾经对院长乔治·布拉什（George Brush）教授说：“我希望您记住一点，你们从来没有向我要过一分钱。”虽然他对学院的发展历程十分感兴趣并时时关注，但是他从来没插手过学院的任何事务，他信任学院的管理团队。事实上，他比这所机构中的任何一个人都更了解学院的规划、需求、成功和局限。为了维持这所学院的运行，他竭尽全力。学院的首席执行官与谢菲尔德先生之间保持了20多年的亲密关系，在此期间从未产生过分歧。谢菲尔德先生唯一的遗憾，就是他感觉能给予学院的资源仍是有限的。除了这些吸引人的品质之外，还应提到他的智慧、慷慨、正直、彬彬有礼且有信念。很高兴在追忆这所学院的捐赠者中，能表达对这位奠基者的深切爱慕与感激之情。

像这样慷慨解囊的例子不胜枚举。在接下来的岁月里，普通乡邻、城镇士绅甚至远方的朋友都在不断增加这所学院的财富：

法南姆（Farnam），谢菲尔德一生的同事；约翰·诺顿，农学之父；惠勒（Wheeler），一位富有激情的毕业生；英格利希（English），参议员、州长，法律、历史和科学教育的倡导者；菲尔普斯（Phelps），本校校门的设计者；温彻斯特（Winchester），天文台的建造者，就像康科德的“愤怒农夫”一样一鸣惊人，他的遗孀捐赠了这所学校最为重要的大楼之一；科列尔（Collier），通过捐赠铭记他离去的兄弟；一位来自利物浦的希金（Higgin）女士，创建了一个教授的职位。除此之外，还有费洛斯（Fellows）、博德曼（Boardman）、桑普森（Sampson）、道奇（Dodge）和其他一些人。源于这些捐赠、帮助和激励，学院加倍地成长。这所学院的主要捐赠者谢菲尔德先生在他有生之年，不断地进行捐赠。后来，温彻斯特夫人的赞助和费耶维舍先生的遗赠是这所学校根基不断加固的又一例证。

应该说这所学校与政府之间的关系，始于联邦政府1862年制定的《莫里尔法案》（*Morrill Act*）。该法案将联邦政府的一部分土地分配给各州，其收益用来支持科学教育的发展。康涅狄格州将这笔钱中的一部分给了这所学院，虽然数额不多，但在当时代表了公共机关的一种信任和激励。这种做法既有利于州政府，也有利于这所学院，白金汉（Buckingham）州长以及和他一样支持这一拨款计划的人的决策是英明的。自此以后，历任州长不断地证明着这一决策的价值。30年之后，这项拨款非常令人惋惜地终止了。

在收到这笔拨款不久，学院的几位教授还组织了游说活动。在这样一个漫长的历史追溯中，我想特别倾诉一下我对于这些人的爱慕和赞赏。他们访问了本州主要的城镇，召集主要乡镇的负责人，宣传新教育。宣传新教育的地点大部分是在私人客厅，有时是在报告厅，有一次是在法院，有一次在哈特福特的州长办公室，还有一次在消防间。新教育的价值被怀着坚定信念的人宣传着，他们怀着对未来的展望而不是对过去陈旧历史的回忆，即便他们不善言辞。丹纳，一位我们多年的朋友，在多年前的一次公开演讲中开启了这样一场游说活动。惠特尼的“方向与目标”被作为宣传口号。呼应着学校的诉求，报纸在街头巷尾发出专业的声音。学校并没有从农场或工厂筹集太多的资金，但是他们结交了很多朋友，其中就包括尊敬的霍勒斯·布什内尔（Horace Bushnell）和霍利（Howley）州长。

在学校漫长的发展史中，我还有很多事情想要诉说。让我们思考一下社会的情境、捐赠、努力、方法和建议对于这所学校的重要性，是这些造就了谢菲尔德科学学院。

一开始谢菲尔德科学学院就是耶鲁学院的一个系，这所大学从来没有因为对于文科的喜爱而忽视科学的价值。在本世纪的上半叶，在有限的资金条件下，耶鲁大学还是在坚持教授化学、矿物学、地理学、植物学、数学、物理学、气象学和天文学。

如果回想起丹纳的矿物学课程的筹备过程、对照射流星雨的光的研究、对北极光和黄道光的研究、对水星的探索，没有人会怀疑科学研究的价值；如果不是一位伟大校友的声名、财富和追随者发挥作用的话，这所学院的历史将会大不相同。皮博迪博物馆、温彻斯特天文台，还有著名的测日仪以及斯特里特工艺品学院的存在，让耶鲁大学熠熠生辉。乔治·皮博迪的捐赠，支撑起了一所以矿物学、地理学和动物学为主要教学内容的学院。

但是，谢菲尔德科学学院一直没受其捐赠者所左右，它享有巨大的独立性。它的资金使用、楼宇建设和人事任命都是独立的。教授构成了它的管理团队，在校长及学校董事的监督之中，控制着学院的发展方向和资金使用。需要提及的是，有一次教授们请求降低自己的工资，学校法人很惊讶，但还是批准了这个请求。

这里没学术冲突，没有文科与理科之间的敌对，也没有科学与宗教之间的“水火不容”。谢菲尔德科学学院一直是通识教育的引领者，它认为通识教育要以科学教育为主导，而适量的拉丁文和现代语言的学习也是必需的，历史和经济知识也需教授。人们可能记得，在很长的一段时间里，美国那些伟大的语言学家是法语和德语课程的教师，而对乔叟和他那“最纯粹的英语”的最为博学的研究也被其中一位谢菲尔德科学学院的院长推进。在美国没有一位经济学或统计学教授比他的研究更多产、更富启发性，这位在职多年的教授一直工作到了其生命的尽头。

学术和科学轨道上的轻微颤动，就可以引起一个伟大的天文学家的兴趣，比如纽科姆（Newcomb）。但是对于普通的旁观者而言，这些是不可觉察的，就像海王星对天王星的影响一样不易觉察。

生物学家迈克尔·福斯特（Michael Foster），在最近一次演讲中提醒人们注意，人类知识的增长已经超过了人类消化这些知识的能力。当考虑预科课程的时候，这一点显而易见。太多专题被认为是最重要的，太多专题被认为是不可或缺的。就像“旧瓶装新酒”，它撑破了前人创设的课程体系，给现在年轻的学习者带来了很大的负担。几乎每一个学院和教育机构都提供一个选课系统——虽然这个系统造价昂贵，令人伤脑筋，且与传统不相容。谢菲尔德科学学院值得骄傲的事情之一就是，本校的学生可以从远超过其能力范围的众多课程中选择自己喜欢的。在自律中寻找自由，是我们的准则。这些课程并不仅仅是职业类课程，还可以是进行专业研究的先导课程，也可以是现代职业技术工作所必需的基础课程。这些课程中，最先进、最有优势的一门是医学的先导课程。为了了解过去半个世纪取得重要进展的疗伤技术，学生首先需要学习物理、化学、生物学相关知识，因为这些学科需要漫长的实验室操作，以使学生熟知生命体的各种功能。顺便说一下，我所在的学校25年前就已经开设了这些课程，医学院逐渐发现了它们的价值。比如说约翰斯·霍普金斯医学院要求学生，如果他们希望进入四年制的学习项目，就必须接受大量此类的系统训练，我们学院在很多年前就已经提供这类训练了，而且现在的课程内容要比以前好很多。当然，现在很多著名的医生以及生理学、病理学、病理化学、卫生学中的领军人物，他们在谢菲尔德科学学院的时候都接受了这些先修课程的训练。

说到学位，区分这所学院和哲学与艺术系的要求之间的差异，有一定的困难，它们之间是否存在着包含与被包含的关系也并不重要。可以确定的是，耶鲁大学和谢尔菲德科学学院都因在美国教育机构中设立哲学博士学位而自豪。它们对这一学位始终保持着高标准的要求，至少在我的记忆里没有发生过任何一次玷污其名誉的学位授予事件。这一学位成为这所大学和其他大学里的学术研究最有力量的催化剂。始于1861年的耶鲁学院哲学博士毕业生名单，最初只有3人，之后日益增多，其中包括著名学者。这些毕业生名单是值得我们骄傲的。[①]另外值得注意的是，这所学校从来不“随波逐流”，没有像大部分美国学校一样进行本科学生的扩招；这种扩招就像通货膨胀一样，有

① 1861年的毕业生尤金·斯凯勒（Eugene Schuyler）、詹姆斯·惠顿（James Whiton）、阿瑟·赖特（Arthur Wright），1863年的毕业生约西亚·吉布斯（Josiah Gibbs）。

害无利。

学院的学生在教学场所之内享有很大的自由。但是，科学专业的学生两次向学院申请一个用作日常祷告的地方，没有一次被批准；这显然是因为这些已建的或在建的建筑应用于教学而非宗教事务，而不是因为院方认为这些科学专业的学生不应从事宗教活动。行政人员与学生之间没有共同的办公场所、没有共同的住处、也没有常规的集会地点；这样的安排也没有激发挑战权威的反抗，没有动乱，没有针对教职工的敌意行为，不存在混乱而缺乏大学精神的生活方式。

多年来，学校一直都使用同样的文字语句描述谢菲尔德科学学院的办学目标：我们致力于数学、物理学及自然科学的教学和研究，服务于科学知识的生产及传播，为有志进行这些学科探索的青年奠定基础。

这所学校因这两项使命而为人们熟知。事实上，如果你想评价一所学习机构的价值，就需要评估其办学目标的广度和深度。广度反映在数字上，就成就和影响力而言，比如说贡献的数量、学生成就的数量；深度可以反映在它的教师和毕业生直接或间接地对知识的创造所作出的贡献上。

虽然谢菲尔德科学学院毕业生的就业信息没有最新的统计，但是这三年来，根据近邻或远方熟知的朋友提供的信息可以得出以下结论：学院有两千多毕业生，他们中的大多数都在科学和应用科学方面得到了扎实的训练。很多毕业生都取得了最高学位，同时参与了公共工程的建设与工业化的进程，负责工厂和矿厂的测量、勘探等工作，投身于公共卫生事业的发展当中。他们当中最杰出的一部分投身到了医学研究当中，也有很大一部分成为了工程建设的领导者。

最早的毕业生名单中，7位哲学学士中有4位成了教师，其中1位成为了地理学家和西部探险家，1位是加州地理调查队的植物学家，1位是世界著名的矿物学家。当你去南非、日本、土耳其，美国加州或者任何密西西比河以西的州，查看美国地理调查，浏览国家科学院的成员名单，查看耶鲁大学、麻省理工学院和其他很多学院时，你都会发现谢菲尔德科学学院校友的身影。

下面我将引用个别案例，来说明这些毕业生的事迹。其中，最有意思的是1862年的一位毕业生和他朋友们的探险活动。在第一条大西洋铁路修建之前，他们通过探险横跨整个大陆，绘制约塞米蒂的地图，攀登内华达山脉，直至惠特尼山顶峰。还有一位毕业生组建了美国地理普查协会并担任首任主席，后来成为杰出的学者。这些成就当归功于本院。

在公众集会上，评述科学的进展或者评价个体的成就都是件不容易的事。很多重要的贡献，只有相应领域的专家可能才会感兴趣。演讲者肯定不能胜任这样的评述工作，最好也不要公开评价那些杰出人才的工作，因为这些人可能都是演讲者工作或生活中的朋友。如果朋友们在场，应该都不允许他说出他们的名字。而我这次要冒险列举一些即使是“门外汉”也可能知晓的事实，或者间接提到一些那些性情温和谦恭的教授不愿炫耀的事件。

我想谨慎地介绍一些詹姆·D.丹纳在科学领域中作出的巨大贡献和威廉·D.惠特尼杰出的学术成就。两人的工作地虽然独立于谢菲尔德科学学院，但是没人会忘记他们都位列谢菲尔德科学学院的著名教师名录之中。谢菲尔德科学学院的学生一直可以聆听丹纳的演讲，参加他的田野调查课程。1855年以来，这位伟大的自然主义者的激励和协作很大程度上助推了学院的整体发展，而他在学院的地位也巩固了他个人的影响力。我们也应该不会忘记惠特尼，一位享誉世界的杰出学者，是我们的授课教师、学生导师和本院的坚定支持者。

我必须提醒你们的是，那所白色的老房子里面的分析化学实验室是第一所、在当时也是唯一一所分析化学实验室，这是一个沐浴着荣耀的地方。现在学校五个楼宇中的各种活动，其实是在放大那些被拆除重建的楼宇曾经发挥过的重要作用。伴随着日益精进的严谨和毫不凋零的热情，50年来化学实验研究在不断进行，部分是纯化学的研究，部分是与农学、矿物学、冶金术和生理学相关的研究。

考虑一下农学。现在每个人都意识到国家的福祉、政府的稳定，都依赖于粮食，但并不是每个人都能看到装满粮食的火车和谷仓，满载小麦、棉花和烟草的小推车，并同时意识到这些产出的很大一部分是科学进步的结果。现在，每一个州都有它们自己的农学院。当时，约翰·诺顿来耶鲁大学时可不是这样。他是美国农业科学化的先驱，一生投身于此，并取得杰出成就。他主导着这一领域发展的节奏，他的事业传递给了李比希的一位名叫波特的学生，全国各地26名农学专家出席了于纽黑文召开的为期数天的学术会议。大会于1860年召开，可以看出这种独特的、原创的社会服务模式，对基于正确原则而进行的农业研究是很有影响力的。据估计，约500人远道而来聆听这些讲座和讨论。而后就是莫雷尔（Morrill）参议员主导立法所带来的国家财政拨款，这笔拨款与本校卓越的影响力有关，这一点是毋庸置疑的、不可辩驳的。康奈尔、麦迪逊、明尼阿波里斯、伯克利和西部各州的其他大学，从这项国会拨款中获得了相当可观的收入。

约翰·诺顿的一位学生，不久后成为了农业化学的领军人物，且无人匹敌。那就是萨缪尔·约翰逊（Samuel Johnson），他的著作、建议、科研手记、研究和个人影响力，使其闻名于世。他著作等身，且质量颇佳。比如《庄稼如何生长》（*How Crops Grow*）这本书的传播范围，就像它描述的庄稼的生长范围一样广阔。19世纪70年代早期，这位作者开始游说建立农业实验站，他也很欣慰地看到实验站在全国范围得以兴建，并成为康涅狄格州实验站的站长。这些成就反映了谢菲尔德科学学院的与众不同，它一直秉持自己的办学理念，它的所有投入都是值得的。

和促进农业科学化息息相关的，还有另外一个人。他资源丰富、实践意识强、知识全面以致有时遮蔽了他在科学四个分支学科中所具备的科研能力。他就是威廉·布鲁尔(William H.Brewer)。他长期穿梭于大西洋山脉，登山探险，以收集植物，积累经验。1864—1865年学院新建时他回到了纽黑文，他关于后大迁徙时代的研究主要集中在物种的遗传、习得性特征的传播和公共健康条件的改善上。

纽黑文在本世纪一直是矿石研究的中心。这首先归功于西利曼教授那著名的烛盒里的各类矿石，后来增加到吉布斯上校的成箱的矿石收藏，再后来就自然而然建立起了矿物丰富齐全的皮博迪博物馆。这些收藏激发了丹纳那些著名的研究，他的追随者继续和完善着他的工作。学院院长乔治·布拉什对矿石学的贡献年复一年在增长着，这些工作需要极强的分辨力，这些贡献都是在填补、完善着丹纳过去的工作。开拓新的研究领地，永远获得好的结果，不仅仅是新标本的获得，更重要的是对科学知识的积极贡献。繁忙的行政工作，并没有减少他的研究热情和活力。他是那种举世罕见的人，在自身领域做了很多工作，同时又表现出对其他领域工作者的理解，给予他们建议、鼓励和帮助。

在地理学方面，很多有能力的调研员已经去其他研究机构工作，但他们的观察结果及出版物相当重要。其中有一位杰出的调研员O.C.马什（O.C. Marsh），他以教授的身份离开学校，作为探险家，深入西部那些无人之境，从那里带回来很宝贵的财物，他把它们捧在手里时的样子就像手握阿拉丁神灯一样。他超越了自己，成为了一个科学探险家；怀着高超的能力与极大的耐心，他得出了很多惊人的发现，并自费将这些发现以最好的形式呈现给世界。那个被命名为希普斯的化石马以及它的祖先，二趾的、三趾的、四趾的，还有带着牙齿的鸟，这些都成了有名的高级动物进化的经典例证。但是，更为人熟知的是这位杰出的探险家发现的上千种已灭绝的脊椎动物标本，这可以给人类社会的未来发展提供重要的教训和建议，这一点贡献是非常突出的。

在这所学校的发展历程中，动物学的研究热情被再次点燃。动物分类系统的价值并没有贬值，不过胚胎学、形态学和生理学的价值则日益显现。一位高级生物学家艾迪生·E.维瑞尔（Addison E.Verrill）极大地拓展了其研究的空间范围，甚至将其扩展到海洋深处。他谦逊、博学、耐心和周到，他描述了海洋动物群的状况。这种动物群的存在是经过系统持续地努力才发现的，更为神奇的是他还介绍了很多新物种及其结构。一个能力很强、专注于研究甲壳类动物的研究者西德内伊·史密斯（Sidney Smith），推进和拓展了丹纳开创的研究工作。

动物学并非是唯一一个自然历史领域内被发展的学科，在植物学的一个分支中，有一位收集蕨类和海藻类植物，并撰写相关著作的权威研究者丹尼尔·卡迪·伊顿（Daniel Cady Eaton）。如今，在一个纪念室里，他的名字被镌刻在木板之上，和他的书籍、标本放在一起。

在工程科学的各个方面，比如民用工程、机械工程和动力工程领域，本院一直享有崇高的声誉。很久以前，这个系的系主任威廉·诺顿就投入技术、热忱和耐心研究彗星的本质以及分子物理学、宇宙物理学的基本原则。早些时候，他对于木石组合在曲应力的作用中的状态作了一系列的研究。

后来，另一位杰出的西点军校毕业生，被认为是提出悬臂桥设计的第一人，在蒸汽机和其他发动装置设计方面也作出了杰出成就。之后，另外一些有能力的工程师，推进了他们所在学科及其应用领域的发展。其中一人提出了一个关于在框架结构中扭曲现象的理论（更不用提他的其他著作），现在在业界成为一种原创性的权威。①

在这次并不算齐备完美的陈述中，如果我有所遗漏的话，那就是研究工具的改进是这些天才对于人类知识的进步所作出的另一项重要贡献。光学镜片制造工艺的提高就是由本院学生完成的，现在他成为了本院的教授。②这是进行光学研究最主要的工具，需要精深的数学知识和将这些知识运用于实践的能力，以及超常的耐心。生产镜片的工艺被一群杰出的天文学者成功研发出来，得到了广泛的推广。

生理化学是我们学院最新开设的学科之一，学院在这一学科领域走在前沿。在美国的其他地方和欧洲许多实验室里还没有人开展过类似的工作，也没有人取得像希尔豪斯大道旁边的实验室

---

① 威廉·P.特罗布里奇（William P. Trowbridge）、奥古斯都·J.杜波伊斯（Augustus J. Dubois）和查尔斯·B.理查兹（Charles B. Richards），这三位也都是杰出的工程师。

② 查尔斯·S.黑斯廷斯（Charles S. Hastings）

那样的成就。很多每天从实验室门口走过的人们可能没有留意这些，但以现代科学精神进行生理学和医学研究的人们却怀着期盼的心情关注着这一实验室的进展。[1]

年轻人可能会说，我对近些年来的新研究并不熟悉，毫无疑问是这样的。但是值得欣慰的是，其实我正试图以另外一种声音弥补着这样一种不公正（年轻人付出努力，长者享受荣誉）。

这份长长的陈述表明，需要由伦勃朗（Rembrandt）似的画家用画笔在每一位杰出人物的特征被遗忘之前为他们绘制肖像。在都柏林的三一学院门口矗立的是埃德蒙·伯克（Edmund Burke）和奥里弗·哥尔斯密（Oliver Goldsmith）的塑像，在剑桥三一学院的教堂门厅竖立的是艾萨克·牛顿和弗朗西斯·培根的塑像。我不愿拿我们学院的成就与其他学院进行比较，也不想提及这些大理石或青铜雕像。但是，我想我们可以学习和借鉴那些古老的国家经常使用的崇拜杰出人物的方式。其实，不用提到这些还在世的杰出人物，因为人数众多，我们至少应当用碑铭、塑像、绘画、雕刻等方式来纪念我们国家的先驱们。

就像众议院主席在他的回忆文章中所讲的那样，惠特尼和丹纳都是世界著名的哲学家；约翰·诺顿和小本杰明·西利曼，这两位年轻的化学家把握了时代的需要；威廉·诺顿和约翰·A.波特在这所学院特殊的时期，以他们的坚守和有价值的教学使这所学校富有生机；莱曼（Lyman）和特罗布里奇作为工程技术的推动者，把他们的数学天赋用在实践工作中；伊顿，自然的爱人，生命法则的诠释者；沃克（Walker），远近闻名的经济学家、统计学家、战士和爱国者。所有这些人最终都成为了大多数人中的

① 拉塞尔·H.奇滕登（Russell H.Chittenden）

一员，他们的能力、服务、影响和付出让这所学院历史长存。最早期的学生当中有三个人依然和这所学校紧密相连，因对崇高理想的坚持而获得荣光及奖赏。在他们周围是一大批年轻人，一样的富有朝气，一样的充满希望，一样的才气逼人，就像那些为他们传授知识的前辈一样。愿恩泽与荣誉造福他们。

我最近听到这样一个故事：一个国家，准备组建一个兄弟团，并允诺凡是加入的人都将获得在走廊两侧竖立大理石雕像的殊荣，这个国家的国王说："百年之后，你们会看到，你们的影响依旧。"一位兄弟团的人说："谢谢，陛下，到那时国王毫无疑问会在这儿，我是不会了。"孩子们、兄弟们、父辈们，一百年之后，很多纪念碑会装饰着我们的厅堂和道路。虽然我们不会看到这一幕了，但是我们的学校和国家的后辈会看到他们，且备感荣耀。

在演讲的过程中，我已经提醒大家这所学院是在合适的环境和合适的时间建立的，它只是在这一历史时期建立起来的百余所机构中的一个。哈佛大学的劳伦斯科学学院，几乎也在同一时期建立。学院、系所和独立机构，迅速地出现在每一个州。在这些机构中，采取这里所说的方法建立的机构并不少，向在这儿接受训练的人们寻求支持的机构也不少。对一所这样的机构，现在庆祝它的伟大，请允许我以赤子的感恩之心认可谢菲尔德科学学院的经验、教训和鼓励，我也要公开承认约翰斯·霍普金斯大学的健康发展多半要归功于出自纽黑文的生命之泉的浇灌。

学术研究是一所学校的教师、毕业生和学生最大的任务之一。我们中的许多人都明白，有一些人只是科学殿堂之中的普通人、服务者、志愿者，甚至有人说他们玷污了科学家的称号。但是，我们每一个人必须清楚地承认，是他们承担了学校工作的一部分，即使是最平凡的那一部分，他们也是在坚守和践行这所学校传播和得以建立的原则。

无论是“军官”还是“普通士兵”，我们都被征召加入“军队”，这个“军队”的“士兵”来自四面八方，携带“轻型兵器”和“重型武器”。无论远近、贫富、强弱、独立或联合、带着精密仪器或赤手空拳，这个“军队”要去探究大海的深度，观测星空的深邃，使用显微镜、吹管、蒸馏器、对比仪和分光器进行抽象的推理，思考隐藏的数量关系。在各行各业中，人们有时失望或误入歧途，但有时也会因对科学的一点贡献或发现未知的规律而激动。崇高的人战胜无知，邪恶的人被无知误导。在智慧战胜愚昧的过程中，恐惧、迷信、自大、错误、可怜、弱点、痛苦、懒惰相伴而生。

每一代人的工作都是前一代人工作的延续。逝去的人们与我们同在，思想与物质不灭。从毕达哥拉斯（Pythagoras）、亚里士多德到现代科学之祖艾萨克·牛顿这些先哲们，铺就了19世纪科学的繁荣。现在人们在此基础上，又根据模糊的感知向未知的领域探索。因此，在这一征程中出现一些焦虑和沮丧并不奇怪，但是在我们这个团体中从来没有感受到悲观主义的情绪。缓慢、稳步、坚定前行，不停不止。胜利连接胜利，光明冲破黑暗，知识带来健康、克制、欢乐、美德和虔诚。

最后，怀着毕恭毕敬的心情和坚定的信念，我想说科学是上帝声音的回响，这是一种最鼓舞人心、最激励斗志、最深刻的信仰。这份信仰比兄弟情更可敬，比对知识的爱更深沉，意义非凡，神圣庄严。

现在，你们已经看到谢菲尔德科学学院在耶鲁大学所经历的轨迹，就像在其他大学一样，数学、物理学和自然科学受到特别的关注。在谢菲尔德科学学院，化学学科不是唯一重要的学科，工科专业、数学、物理、天文学、矿物学、生态学、物理地理学、动物学同样重要，现代语言与文学、历史与经济学成为学院学科建设的重要支撑，当然，学院并没有忽视古典文化熏陶，学院也倡导宗教信仰自由。

现在，你们已经听到了这个故事渺小的开始，渐进的扩张，伟大的理想，个体的牺牲，慷慨的馈赠，无私的服务，丰厚的回赠；你们也听到了坚实的希望，以及对下半世纪成长的憧憬。我找不出任何话语，比引用拉普拉斯回顾其一生所讲的那句话更适合作为本次演讲的结束语："知之甚少，未知无限。"

第五章 初创期的加州大学

在校长就职典礼上的讲话

奥克兰，1872年

我很感激所收获的善意，对向我敞开怀抱的未来充满希望，承蒙各位信任，恳请本州所有善良的人们慷慨解囊支持加州大学的建设，我们团结一致为知识的传播，为科学的发展，也为我们同胞的福祉努力。为此，我们祈求神的祝福。

像今天这种场合，即将上任的官员应该阐明他对高等教育的观点。尤其是当一个几乎完全陌生的人第一次试图融入一个由经验丰富的教师和有抱负的学者组成的集体时，这种做法就显得尤为必要。

过去的几年里，美国和其他国家的高等教育体系发生了巨大的变化。新的机构不断建立，旧的机构也不断地被重构。更好的教学楼、更丰富多样的教学项目、更庞大的教师队伍、更智慧的教学方法、更适应社会的需求，这些改变都是通过提高奖学金和增加资金实现的。

今年，任何地方的开明人士都对大学（在它最广泛的内涵上）给予了热情的支持，这份支持归功于时代精神，也归功于人们多年的殷切期盼。州政府和联邦政府意识到高等教育的问题必须放在公共议程上解决，现在很多地方都在竞相制订教育发展的远景计划。在哈佛、耶鲁、默斯特、普林斯顿、伊萨卡、费城等地的许多学校里，大家都能听见建筑工人锤子的响声，建造可供几代学生学习和生活的楼宇；书籍、地图、图表、艺术品，与地质、自然历史和考古相关的博物馆，与化学、物理、植物和动物研究相关的实验室，正在以惊人的速度成倍增长；为制造显微镜和望远镜而生产的透镜，为物理学家和天文学家提供了前所未有的观察工具；学校收到了更多奖学金捐赠，奖学金被用来支持学生在学校的居住和生活，甚至可以资助学生去国外大学学习；除了传统的法学院、医学院和神学院之外，语言学院、历史学院、艺术学院、化学院、工程学院、农学院和采矿学院相继诞生；更多设备和规划帮助年轻人不断进步，他们能够有更高的造诣。这一切成就和事业的背后，不可或缺的是有财富、有远见的慷慨者的捐赠。这些人的名字应被我们以及后代子孙永远珍视，他们是美利坚合众国真正的贵族和绅士。正是因为有了他们，充满希望的高等教育才得以处处开花。

现在轮到加利福尼亚了，太平洋的“女王”，将在她的金色王座上宣布她的大学的未来。加利福尼亚，是一片蕴藏财富、欢乐的神奇土地：她的山脉富有矿石；她的谷地被紫色和金色装饰着，这里种满了葡萄树和供养生命的谷物；她的气候宜人，她的港口富饶；她的气候抚慰弱者，支持强者；她的港口是人们长期以来寻找的通往西印度群岛的门户；她的中心城市是世界大都会，像古老的君士坦丁堡；她的先驱们勇敢、坚强、慷慨大度；她的制度是由有远见的人建立的，凝聚了不同社会的最好的思想，构成了作为一个现代基督教国家的基础；她的公民以进取、爱国和活力而著称；她的未来谁也不能预言——人杰地灵的加利福尼亚正打算建立一所大学。这所大学将会是什么样子？只有时间可以告诉我们答案，但是深谋远虑和坚定信念是回答这个问题的关键。

有两件事已由学校的章程决定，并体现在它的名字之中。

首先，我们负责建立的是一所“大学”，不是一所高中，不是一个学院，不是一所科研机构，也不是一所技术院校。实际上，上述机构的某些特征这所大学可能也有，但是它的真正功能远不止于此。大学是综合的术语，表示知识的增进和传播的场所，它由一系列促进艺术和科学发展，训练年轻人投身于学术研究的机构组成。其实，大学之间的内部结构差异很大。较老的机构大多是复杂的，包括各种学院、系所以及楼宇、学术研究资料和收藏品，早期的大学将它们或多或少地联系在一起，并被赋予了资产、特权和豁免权，这些大学对社会道德的提升以及物质的进步是不可或缺的，或者换句话说，对教会和国家来说都是必不可少的。在美国，大学这个称谓经常被错误地用来表示一个简单的学院，人们命名的时候可能带有这样一种想法："未得其质，先求其名。"但是，我们必须避免名不符实。本州早期建立了一些学院，围绕这些学院的传统，我们必须在所有学习分支中尽可能快地建立更先进和自由的机构，我们也应了解各种自然科学的发展，因为这些学科可能是未来一个学院或一个系的核心。

其次，章程和校名显示，这所大学叫"加州大学"。我们不是去复制柏林大学或是纽黑文大学，我们要创造的也不是奥克兰大学或者旧金山大学，而是这个州的大学。它必须适应这里的人，适应这里的公立和私立学校，适应这里独特的地理位置，适应人民对新社会的要求和他们未开发的资源。它不是以教会和个人为基础的，它"属于人民，也为了人民"。这不是什么低级和无聊的说法，而是和我们的智慧与道德感保持着崇高与神圣的关联。

那么，当我们记住这是一所大学，一所加州的大学之后呢？我们下一个问题就是，我们要建立一所什么样的大学？

你也许比我更清楚如何回答这个问题，但是一个初来乍到者观察到的特征你们可能也会感兴趣。

我观察到你们拥有良好的章程，但并不完美，不过世间又有什么是完美的呢？这部章程经过了小心谨慎的构思，借鉴了其他优秀的样板，扎根于这个社区，并呼应了这个时代的需要。它为所有人免费打开了高等教育的大门。这个章程由加州大学热诚的董事会执行，他们的想法是要办一所成功的大学，正是对这份伟大的使命的执着坚守，无论遇到任何困惑和困难都不会使他们灰心。你们已从加州学院继承了一个好的名字、丰富的书籍、精美的藏品以及善意，向那些创办它的人致敬，向那些扩建它的人致敬。那些在本州初期就建立了一所学院的先驱们，都是大西洋岸边先驱们的后代，在剑桥还是一片荒野时，他们就建立了一所大学。这里的任务的艰难程度，一点不少于那边。缺乏资金、缺乏组织、物质匮乏——简而言之，为生存而奋斗——学院能在这种条件下存活下来，简直就是奇迹。这是一个好的开始，虽然还没有得到充分的认可。但可以肯定的是，在它百年纪念日的时候，人们将对那些建立并珍视加州学院的人的远见、警醒和牺牲精神充满感激之心。

建造圣彼得教堂穹顶和
罗马基督教堂走廊的能工巧匠之手
束缚在悲伤的热忱之中
他无法逃避上帝
他的作品远胜他所预期
磐石之上妙手生花

你们也充分利用了伯克利优良的地理位置。当我第一次站在伯克利的时候，看着群山、海湾、小镇和远处的大海，我回想起两年多前在纽黑文的榆树下听到有人向我讲述选址故事的时刻，那些为了选址而在山间谷地的跋涉征程，带着一种先知的预感，在即将到来的那一天，已经种下的大学种子需要一个适宜它生长的地方。你们学院早期的历史已经光荣地记录下了那位热情学者的工作，那些与他并肩作战的人不会忘记他。但是我不得不再次重复他的名字，正是由于他的激励我今天才能站在这里，他就是来自哈特福特的霍勒斯·布什内尔。

一位古代作家曾说过，在创办学校所需的各种条件中，排第一位的应该是“一个美好而且令人愉快的选址，这个地方应当有水、泉、井、树和良田，有温和宜人的气候，有丰富的物资，足以让学生们留在那里生活”。所有的这些都存在于这个地方，当然远不止于此。你们有很好的大众教育体系，大学就是这个体系的王冠。你们居住在一个由大部分受过教育的人组成的社区，并且在慈父般的政府领导之下，所有的这些对一所大学来说都是弥足珍贵的馈赠。

此外，我们必须提到大量排名靠前的科学作品曾在加州产出——这些作品不仅自身优秀，而且成了孕育未来优秀成果的种子。美国海岸调查队在太平洋沿岸的工作，例如水文学的研究、港口的准确描绘、潮汐和洋流的调查，以及天文学和大地测量学的解决方案的研究，不仅在美国而且在欧洲都获得了很高的关注和认可，这也为对这个国家领土进行完整的测绘铺平了道路。在彻底性和全面性上，这里的州地质调查局超过了国内的任何其他调查组织。那些对土地的自然特性进行精确而细致调查的科学家都会感到喜悦和骄傲——不管他们是基于自身的利益，还是将调查视为社会进步的基础。这项工作中有一部分超出了本州的范围，属于国家权力的范围，它们是由一群隶属于陆军工程兵团的民间团队所做的调查。把所有科研者凝聚在一起的组织是科学院，他们的出版物和作品集的巨大价值已经显现。一个表现如此良好的年轻社会将是这所年轻大学的重要支撑。

此外，在这片海岸产生的文学作品，就像这里的果实一样丰富多彩，也有其独特的风味。因此，有些人说加州这个地方对美国文学作出了全新的贡献。塞拉斯地区人们的幽默、机智及诗意就像山顶的微风一样清新，像松针一样辛辣。他们的演讲弥漫着爱国的气息，回声在空中飘荡。还有一本文学杂志声名远扬，人们工作的动力源于对理想信念的选择与坚持。大学的黎明已经到来了。

大学建立所依赖的是它的全体教员，他们把自己的生命都奉献给了工作，这是最为重要的。不是地理位置、不是设备、不是教学楼、不是图书馆、不是董事会吸引了那些学者，吸引他们的是他们自身对教育事业的热爱与执着。这样的一群教师可以在任何地方建立起一所大学。阿加西斯，无论他走到哪里，都被一群学生所包围；惠特尼可以在柏林或贝纳雷斯讲语言学课程。这样的人不仅会吸引学生，还会带来书籍，就像古老的奥菲斯吸引岩石和野兽一样。大学教师的灵魂就是这所大学的灵魂。如果追求真理和文化是他们的目标，那么真理和文化也将在他们辛勤工作的大学里蓬勃发展。如果庸俗或猜忌在他们中间出现，那么他们之间的信任也会被摧毁。比起其他东西，大学最需要的就是规模庞大和充满活力的教职队伍，各种科学和语言将会吸引它们的爱好者，不同性格和品味的年轻人将找到合适的向导。一个学院或系所的特质，可能会被另一学院或系所的特质所改变。无论是欧洲还是美国，获得足够卓越的教师都是件困难的事情，让我们千方百计去争取那些有成就或有前途的人吧。

学校的董事会，有责任任命教师并提供经费。他们所拥有的权力虽然在大学的日常工作中看不到，但他们的影响无处不在。他们明智选择老师，谨慎使用资金，建设教学楼，建立新的院系，并向公众展示大学的成就，这些都会对整个社区民众的公共情绪造成影响。对他们欠考虑的批评时常发生，但从长远来看，他们为了增进国家利益而表现出来的忠诚和牺牲精神将受到本州人民的感激。

州政府，无论是行政机关还是立法机构，在支持这所大学的建立中也起到了很大的作用。这些机构不是通过原则性的立法，也不是为了发展而采取仓促行动，而是提供坚定的、慷慨的、可靠的支持。大力支持和审慎干预应该是他们的宗旨。

如果没有宗教的支持，美国的高等教育机构也不会如此蓬勃发展。一些父母及其子女不断地寻求宗教人士的建议，他们对增进智慧和追求真理的一切都感兴趣。从最早的殖民地时期开始，他们中的一些人就是我们最好机构的创始人、监护人和教师。我相信这所大学一定会得到他们的支持，只要它有价值，就一定会赢得他们的支持。

媒体是另一种社会力量，其提供的帮助我们必须予以重视。媒体可以通过支持或是批判言论来加快或延缓整个大学的创办进度。大学不应该害怕媒体的批评，而是应该努力获得媒体的热诚支持。媒体在任何地方都有强大的力量，在一个自由的国家，媒体是一种所有人都必须欣赏的力量。我们期盼着媒体慷慨的支持能够促进我们高等教育的发展，并正确引导舆论。

在这个社区我非常依赖有财富的群体。的确，州政府过去是、将来也会是很慷慨的，但是一所大学需要通过各种途径来支持它的发展。花50万美元用来购买图书和支付工资，一座图书馆就可以很好地运行。但是对一所科学院的发展来说，这个数目的资金是远远不够的。每年有几千美元资金用于支付奖学金和奖金也是可以的。当学校迁到伯克利时，学校就需要更多的学生公寓。本科教育可能不需要科学研究训练，但对于一所大学来说这是必需的。我相信这一天将会到来，塔尖静静地指向天空，指示我们朝圣的方向。但是，对于所有这些事情，我们不要指望公共财政会给予全部支持。在最基本的事情上，我们必须依靠富有的人士提供更多的基金支持，这才能使我们的学校与东海岸的兄弟院校并肩。富裕的加州人使这里从荒芜之地变成繁花似锦之所，他们建造了银行、仓库、铁路、公路和蒸汽船，也正是他们的进取努力使大学的出现成为可能、令人期待，现在为了我们的后代，需要通过他们的慷慨解囊来实现办一所大学的目标。在增进知识和教育年轻人的竞赛中，我们西部不应该落后于东部。

我不用说太多关于建立大学我们需要的精神。但是需要提醒各位的是无论是教师还是校董会董事，每个人都必须忠于职守。我们不仅要脚踏实地，也要心怀远方。在每一个学科的探索过程中，学术自由都是我们所推崇的，崇高的理想应该时刻铭记在心。教学人员与科研人员和谐相处，后者应该信任前者。时刻向社会保持善意并伸出援助之手。努力缩小理论与实践之间的鸿沟，或者换句话说，要同时促进抽象的科学和有用的知识之间的结合。

我们计划建造的大学有其特殊性，部分原因在于我们的州比较年轻，部分原因是这里地理位置的特殊性，更多则是由于本地矿业、制造业、农业和商业发展的迫切需求。一种观点认为，新的教育体系应该有全新的视角；另一种观点可能认为，新的教育体系和传统的教育没有区别。我们需要做的就是，汲取过去的每一代人的经验并明智地适应现在的需要。

很久以前宗教学校主要讲授神学，探讨玄妙的形而上学。当文学以希腊语研究的形式进入大学时（也就是文艺复兴），教育的范围扩展到了人文学科，但是神学研究的倡导者们对这种改变怀有敌意。当学术研究深入到每一个自然领域时，人文学者又关闭了面向自然科学的大门，就像当年神学者拒绝人文学科的研究一样。不过现在，这样的学术壁垒再也站不住脚了。科学和人文、自然与人类现在被认为是对神学的最好的解释。

对神学、人文、科学的认识——分别对应于神、人、自然的学问——这赋予了现代大学研究巨大的综合性，几乎把所有内容都囊括了。但是，叙述起来简单，实践操作起来却困难重重。当我们考虑到每一位学者、每一个研究领域时，让人困惑的不是某个学科可能是什么，而是这个学科应当是什么，应设置什么样的课程。这种困惑永远无法回避，人们会提出很多实际的问题：不同学科的相对重要性如何判别？哪些研究最值得鼓励？排在第一位的应该是我们大学的传统经典课程，即语言与文学吗？或者是否把它们让位于理论和实践学科？应该选择现代语言还是古典语言呢？研究罗马法和国家理论的历史与政治科学应该是我们的首选吗？数学应该占主导地位吗？教学的目标应是知识的获得还是行为的规训？更应该提供给年轻学生的是那些可能在现实生活的各个领域都有潜在价值的一般性研究，还是那些指向某个特定的职业或专业的具体研究呢？讲授、背诵、探析，哪一种才是值得提倡的教育方式？是给予学生选择的普遍自由，还是应该坚持大学的限制和管控？现在这些问题和许多类似的问题在这个国家每一所大学中都在被广泛讨论，也需要我们长期密切关注。

如果我们能够区分那些刚从高中毕业的年轻学生的需求和那些优秀学生的需求，我们的困难就可以减少，因为后者的品味、需求和天赋都已经定向。给前者以指令，给后者以自由。但指令要尊重学生之间的差异，给予的自由也应受法律的约束。针对学院学生的工作主要是在纪律规范之下提供日常的指导，而针对求索知识的专业人士应给予其需要的自由、鼓励其自控的热情。

另外一个问题来自于科学的快速扩展。知识如此浩瀚，以至于任何人都难以掌握现代研究的所有内容，即便他有如莱布尼兹一样的天赋或如洪堡一样长寿。一般的学者，既无过人的天赋，也无天命保障，必须甘心专注于受限制的研究领域。多才多艺和灵活的美国人，必须学会承认有能力做任何事和有能力做一些事是有区别的。

我觉得，显而易见，在加州没有必要再为现代科学研究进行呼吁，社会需要训练有素的民众、采矿师和机械工程师，专业的地质学家、矿物学家，有献身精神的博物学家、物理学家、化学家、冶金学家、大地测量工作者、地形学者、制图师、农学家、技工、制造商以及商人。很明显，在这些需要面前我没有必要强调科学教育的重要性，它的重要性已经是公认的了。问题是如何寻找最好的教育方法，最优的研究规划和策略，最杰出的教师，最完备的实验室以及最好的仪器。同样地，我们更应该考虑如何去激发潜能，这些能力对现代科学的发展来说不可替代，同时要让这些人富有文化底蕴，成为学者与绅士。健康、财富、大众智慧以及对基督教文明的传播，都依赖于科学的发现以及它们在实用技术中的应用。

尽管人们还没为科学建立可以膜拜的殿堂，但科学已成为加利福尼亚州的“母亲”。科学研究是对世界经验的总结，对自然的研究，使得实践者的工作成为可能且硕果累累。如果你能更多认知科学，那么科学便可以为社会贡献比以往更多的价值。科学是经过系统的安排以及哲学思辨之后的精准知识，包括测绘港湾、标记山里的铁路、发现岩层的关系、发现气候规律、绘制西拉斯的地图、开拓荒地、推动农业的进步以及用电报将纽约到伦敦的空间距离“消除”，等等。科学解释自然，对所有“从事实用工作”的人们已经发现的东西加以抽象总结和概括。科学的一个永恒主题在于创造，不过科学尚未被认为是宗教的守护者。

早些时候，考虑到本州的需要，我希望有机会更充分地讨论科学和技术教育的最近进展。我们需要去关注劳伦斯和谢菲尔德科学学院、埃斯塞勒研究所和麻省理工学院、西点军校和安纳波利斯学校，以及国会拨款所建立的各种农业和机械工程学院的相关工作及经验。在某些方面，我们也可能会从法国、瑞士和德国的经验中学到更多。

有了这些经验，明智的人可能会承认加州最缺少的是有特色、完整、组织合理的科学和技术学校，正如卓越的人也需要方法和闲暇去进行科学研究一样，年轻人应该接受那些与矿山、农业、制造业和交通工具的发展密切相关的研究的训练。通过新闻媒体，通过非正式协商，可以使广大公众了解这个非凡国家的特点，以及这个国家服务人民的模式。我最担心的是，沿海地区的人民是否已准备好为这种奢侈和有益的服务机构买单。这个大学需要许多教师、昂贵的实验室、大量的资金，我担心这远远超过了现在大学所能获得的资金。也许有些人富有雄心，将在国家捐助者名单中留下名字；为了达到这个目的，这些人会慷慨地用私人财产补充大学发展资金的不足，像那些为东部青年发展以及改善大西洋岸边各州发展的人所做的工作一样。他们将在人们心中永存。

尽管自然及其法则和它们的应用都是如此引人入胜，但人类与他们的经历和成就同样具有非凡的重要性。人比物质重要，而比物质和人更重要是一种神圣的力量。因此，如果个人或机构只看到了自然力量，而没有看到智力和精神的力量，那么他看到的只是半个世界。

赐予我们更多而不是更少的科学，激励我们去更全面与更持续地发现真理。在岩石、海洋、土壤、空气、太阳和星星上，在光与热、磁力、植物和动物以及人类自身中发现真理。同时，我们也需要学习语言和文学，法律和制度，理论和主张，历史进程和国际关系。语言、历史、文学、演讲、诗歌和艺术仍是通识文化的主要组成部分，那些曾经被排斥在外的数学、物理和自然科学也应被纳入学术的殿堂。

在我看来，加州有特殊的理由发出这样的请求。这仍然是一个年轻的州，是新建州中最先进、最繁荣的州。我们全国各处的人民都称赞它的发展潜力，将来从这所大学毕业的年轻人会成为立法者、公共教育的引导者、有影响力的人、有资本的人、当权者、记者、演说家以及公众舆论的引导者。他们的作用不仅在加州，而且会扩散到这个大陆的其他广阔领域，有些地方的州还在建立之中。无论他们的日常职业是什么，他们都深刻领会政府需求和社会科学的基本原则。他们熟悉文明和开明的社区惯例，以及值得信赖的政治家、法学家和哲学家的意见。无论对他们自己的发展还是公众利益来说，对于本州发展的形势有一个清晰的认识是非常重要的。无论是商人、制造商、农民还是矿工，他们都像律师一样，甚至比医生和神职人员更有可能被召集到立法委员会，并在那里发表针对人类社会、法律、金融、财产、教育、犯罪、贫困以及国家、州和地方政府的政策等棘手问题的意见。

加州不仅是许多年轻州的中心，也是其他遥远的国家认识美国制度的窗口。我们在这片土地上开拓的经验对海外的影响力才刚刚显现。

因此，我认为历史的研究不是干枯的编年史，而是鲜活的人类经验记录。对政治经济、社会科学、公民自由和公法的研究，应该通过那些有深度的教师来讲授，他们能够收集老一辈的智慧并将其应用于新一代的需求中。

在人文和历史的研究中，语言是打开所有大门的万能钥匙。现在的情况是，时间被浪费在争论古代语言还是现代语言哪个更重要这个问题上。在大学里，古代语言和现代语言都必须学习。个体学习的知识越多，他的生活就越丰富。当然，英语作为我们每个人思考以及交流思想的工具应该得到大力提倡。近些年来，许多新的、重要的东西首次出现在德语和法语中，如果不将这些语言包含在内，就没有任何一种教育体系可以自称是开放性的。希腊和拉丁语的价值不仅仅体现在他们所蕴含的文学和历史知识上，更体现在他们与现代语言的重要关系上。西海岸对语言有些特殊的需求，西班牙语应该在大学中被教授。正是由于爱德华·汤普金斯（Edward Tompkins）的先见之明，让我们在这里得以开展对中文和日语的研究。即便今日他在此，我也要毫无保留地对这份及时的明智之举表示莫大的感激。让我们期待他的目标不久就能实现。为了完成东方语言的教学，至少还需要另外两种语言：一种是希伯来语，更广泛地可以说是闪族语，也许还有一些公民会乐意学习这类语言；另一类是梵语，属于印欧语系，欧洲的主要语言都属于这个语系。如果在文明社会的推进过程中，有一些学者收集掌握他们的语言知识，文学界应该欢欣鼓舞。在我们所有的语言学研究中，我们需要的不仅仅是语法训练，而是要把语言看作人类本性的主要禀赋之一。“每一种语言都是由这种能力自然流露的具体结果，历史进程中，渐进发展起来的制度，是它所属的种族文化的一部分，就像文化的其他内容一样被传承下来。因此，语言研究是一门历史科学，是用历史方法来研究的。”①

在历史、语言以及科学的教学中，大学应当以比较法为指引，这种方法已经产生了很好的结果。一个才华横溢的历史学家认为：“语言学与神话的比较方法，还有在政治和历史以及整个人类思想的范围内的比较方法标志着人类思想进步的一个阶段，其地位至少和文艺复兴一样崇高且令人难忘。”它将所谓“古典”世界的语言和历史放在了世界历史上的真实位置，使它们不再是独一无二的崇拜对象，这样才能使人们对它们的价值有合理的认知。它打破了各类相关研究之间的隔墙；它扫除了某些时代和语言被称为“死亡”和“古老”的壁垒；它告诉我们，没有所谓“死”或“活”的语言，没有所谓“古老”或“现代”的历史；它告诉我们语言研究是一种整体的研究，历史研究是一种整体的研究。人在各个年龄段都是一样的，人类的历史也是一样。②

关于宗教在大学中的位置，州立大学应当考虑一些教会机构或私人创办的学院不会考虑的问题。古老的英国大学是教会的孩子，尽管它们的大门不再向非教徒关闭，其宗教特征并没有因此而改变。新英格兰的学院继承了这些传统。哈佛是我们所有高等院校的母亲，它仍然承担着其创始人的校训“为基督、为教会”。耶鲁大学在《旧约》中找到了一个具有象征意义的口号，把用希伯来语字母书写的神谕刻在其校徽之上。在普林斯顿大学

① W. D.惠特尼教授所说。
② E. A.弗里曼（E. A. Freeman）在英国剑桥大学开设的讲座。

的纳索会堂，我们被告知“宗教真理，确凿无疑”。如果我没有记错，康奈尔大学曾接受了一笔用于建立小教堂的慷慨捐赠，那里吸引了著名的牧师，每日的宗教礼拜安排有序。但是，上述机构都属于非州立大学，尽管它们都是在公共财政的丰富营养中孕育出来的。相反，我们属于州立大学，特别是这所大学建立在一个比任何社区都多元化的社区中。这里仍然有西班牙拓荒者的痕迹，他们很久以前就把象征性的十字架、罗马教皇具有象征意义的钥匙带到这里；几乎所有的基督教信仰，不管它是宗教改革后的圣公会还是非圣公会，都能在这里找到拥护者；我们当中也有许多人，在寻找一个还没有到来的弥赛亚（圣经词语，指受膏者）；涌入港口的还有孔子的后代和一些不知道名字的神的崇拜者。

国家作为一种政体，保护并支持集会和宗教信仰自由。在承担为国家教育年轻人任务的大学里，我们该如何处理宗教问题呢？宗教教育是否应该被排除在大学之外，或者是否可以有一个让人变更宗教信仰和进行忏悔的地方？它是一种有组织的力量，还是一种无声无息的影响？它的精神是狭隘宗派的，还是开放自由的？这些问题和困难不仅仅存在于加州，它涉及现代基督教国家在促进教育发展的过程中对所有形式宗教信仰的宽容。

在面对这一问题时，要记住宗教的四个不同要素——崇拜、教义、训诫和精神。没有人反对宗教精神，这种精神“向上看而不是向下看，向前看而不是向后看，向外看而不是向内看，并随时准备伸出援助之手”。它是公正的、慈悲的，与神的精神是一致的；它是一种充满真理、信仰、希望和慈善的精神；它是一种“崇尚和平，与人为善”的精神。可以说宗教信仰和科学一样，我们掌握得越多，对人类的好处就会越多。这种内在的精神以及由它产生的正直和无私，所有善良的人都将会认同。然而，我们中有些人却把教义变成信条和符号，然后引起争论和分歧，右翼反对左翼，保守派反对自由主义。因此，试图强化这种或者那种教义本身将会带来不幸。这所大学不是宗派纷争或宗派狂热的地方，而是学习的地方。作为一个学习的地方，它必须讲授观点和信仰的历史；它必须讲授制度的兴起、成长和衰落；它必须展示基督教文明如何应对其他教的实践和信仰，它净化了家庭、政府、国家的关系，修改了法律、习俗、礼仪和语言，建立了慈善机构，改革了监狱，保护了诚实、美德和正义。所有这些都应该由真正的学者来教授，而不是由持有偏见的人来教授。教师和学生在真理和慈悲的精神熏陶中，每日反思，从神的智慧中汲取营养，吟诵大卫的诗篇，加入神父教导弟子的祷告之中。显而易见，如此的宗教活动对提升参与者及其所属机构的品质具有一定的作用。我想，我会采取顺其自然的态度，不强迫他们去参加任何信仰活动，遵从他们自己的内心来选择他们的宗教信仰。

但有些人希望走得更远。许多家长、宗教教师、教会渴望并坚持认为，在大学生活的关键时期，年轻人应该被积极、明确和有说服力的宗教影响所包围。他们对州立大学有所担忧，渴望建立一所教会大学。因此，许多人试图推动高等教育向前发展，当然仅有一方的努力是不够的。但在我看来，需要更好的方法来达到这样的结果。为什么不允许任何宗教团体协会或者个人，和这所大学一道构建一个家、一个庭院或者一个学院来保护年轻人不受诱惑并鼓励他们追求更高品质的生活？这些机构可以按创始人的想法运作，也可以是一个拥有特权的机构，应获得奖励和财力的支持。我可以想象一群学生在伯克利山坡上的房子里，它们拥有荣耀的名字，因精心布局而带来的便利，墙内充满着美好的友谊，他们拥有特权，所有这些都将具有很强的吸引力。我不希望它们是营房或宿舍，而是家庭，是可以提供集体聚会和私人研究的场所。我希望这些房子里面也有浴室和餐厅；如果可以的话，还有一个轻松的娱乐消遣的地方。在这样的大学殿堂里，对学习的热爱将会占领这里，不好的道德和不礼貌的行为将被排除在外，学术自由将会被珍视，就像哈佛大学、耶鲁大学、剑桥大学和牛津大学一样。在正确的指导下，崇高的道德和宗教影响得到提倡。什么样的教会、什么样的协会或者是怎样慷慨的个人将首先建立这样一座楼宇？

许多信念都是深思熟虑的结果，也是最自由和最保守的教育领导者和意见领袖充分研讨之后的结果。在这些信念之中，普林斯顿大学校长麦克科什（McCosh）博士的言论给了我很大鼓舞，他曾在英国和爱尔兰学习过，遇到过和我们相似的难题。他在就职典礼上提出这个问题："宗教如何嫁接到州立大学，不管人们的宗教派别是什么都对他们开放吗？"他通过明确的声明回答了这个问题，也通过例子证实了这一点："让国家提供世俗的教导，让教会在学生居住的地方进行宗教活动。"

无论对宗教还是教育来说，我认为这都是一个好兆头，这所大学的所在地选址在这个叫伯克利的地方，伯克利（Berkeley）先生既是一个学者，也是一个神学家。伯克利先生的一次浪漫之旅给地处罗德岛的纽波特带来了一位英国教务长，他原本还打算在三明治群岛上的伯姆达斯为了美国原住民的利益建立一所大学。他未能亲眼见证他夙愿的实现，即便如此他依旧竭尽所能。这个英国教务长送给纽黑文的清教徒学院一个图书馆和一个农场，并捐赠给它一些资金和奖学金。这些奖学金现在仍然激励着学生们学习拉丁语。在那里，人们永远纪念他。米德尔顿旁边的一个城市里的一所神学院以他的名字命名；在都柏林、牛津和爱丁堡，纪念他的回忆录刚刚出版。他的名声已经跨越了整个大陆，那时这个大陆还仅仅是大西洋的小海岸。现在，在地球的另一端，在金门大桥附近，伯克利是一个家喻户晓的名字，他树立的榜样值得我们效仿。如果我们不能做我们想做的事，那就让我们用信仰宗教的热情做我们能做的吧。让我们用心祈祷他为人所周知的愿景将会实现：

向西，帝国前进的方向；
前四人业已披荆斩棘，
第五位开拓者在今天拉起帷幕；
时代最高贵的子孙是最后一个。

尽管大学的建设者很忙碌，但是休息的时光会在艰难过后随之而来。毫无疑问，失望、尴尬这些不受欢迎的情绪会常常困扰着我们。在这些停顿和迟疑的时刻，我们经常会这样问自己：这些建筑是用来做什么的？为什么我们花钱不为了生存？我们劳动不为了得到即时满足？为什么我们对书籍和教师、建筑和基金如此渴望？为什么有这些关于教育、文化以及大学进步的诸多焦虑？您，先生，我尊敬的前任，即将脱下学位服；你们，我的同事教员；你们，董事会的先生们，已经知道我们的任务并不容易。什么样的哲学能让我们适应这么一项漫长而又繁重的任务？我们需要面对这个问题。州政府在更新其捐赠基金之前，国家在重新拨款之前，富人在决定资助新教职之前，父亲在把他的孩子送给我们之前经常会问："这么做是为了什么？"让我们准备好答案。让我们向其他地方学习，比如雅典——苏格拉底和柏拉图施教的地方，那时教师们的话语仍在培育我们的政治家和神学家；博洛尼亚和巴黎，居住了数千学生的地方；牛津和剑桥，一个英国国教、文学、政治和科学等领域的最重要的领导安于工作的地方；德国的学习中心，其师生数量超过了其他所有州的师生数量；还有新英格兰和大西洋海岸的诸多学校。让我们来研究这些例子，并以勇气和希望来说明，加州大学将会从过去所有有记录的和为人所知的经验中汲取智慧，服务于我们这代人以及我们的后代。在这里，我们将听到最有智慧的思想家的声音；在这里，我们将看到每一个科学领域内最勤奋的学生。让我们来看看，这里汇集了各国的书籍以及品阅书籍的人，来自自然王国的各种收藏品以及能诠释它们的人，研究和分析工具以及那些可以使用它们的人。让我们确信我们投资的资本越大，收益就越大。

大学的宗旨是什么？它是培养年轻人从事远大且高尚职业、实现自身理想并兼济天下的地方；它是要把过去社会的失败和成功呈现给今天的社会的地方；它是要发现并告诉人们自然界的力量是如何征服人类的地方；它是要将我们的经验所点燃的火炬传给我们的后代的地方。

大学传授的是智慧，关于个人和国家的智慧，关于现在和未来的智慧，是一种区分有用与无用、真诚与虚假、坚毅和脆弱的力量。从前有一个睿智的人发现了教育的价值，他说：“幸福是属于那些发现智慧、发现知识的人的，拥有智慧与知识远胜过拥有金与银。”他对教学的评价值得我们赞同：“给有智慧的人以教导，他就越发有智慧；给正直的人以教导，他就越发睿智。”

概而言之，这所大学与太平洋沿岸的社会文明及其与亚洲国家的关系，给它的工作带来了特殊的意义。显然，加州不仅是建立在这个漫长海岸线的美国各州的粮仓、金库、贸易中心和集市，而且它还是西方国家和东方国家进行商品交流和思想交流的门户。中国、日本、澳大利亚和太平洋上的诸岛是加州的邻居和客户。他们不也会在这里寻找艺术和科学的指导，寻找一个组织良好的社区的榜样吗？对中文和日语的研究的资助，表明了我们对这种亲密关系的早期认知。我们迫切需要为可能向我们展开的未来做好准备。目前还没有确定外国赔款的使用方式，但公众的讨论倾向于将它们投入到教育领域，可以是在美国，也可以是在东方，取之于斯，用之于斯。在这所大学的附近，用这笔钱建立一所特殊学校可以服务于双重目标，既可以让美国人更加了解东方的语言、文学、历史，也可以使这些国家更了解欧洲和美国的现代语言与科学。

历史的新纪元正在我们面前展现。早期的国家以及它们的河流文明，在尼罗河和巴比伦河两岸繁荣昌盛。后来地中海成为此起彼伏的帝国们的中心，而它只是一个封闭的内陆海。现代文明已与大洋接壤。现在太平洋夹在其中，人类社会最古老和最年轻的形式面对面相遇。蒸汽机已经缩短了地区之间的距离，电报很快就会消弥东亚和美洲的时间跨度。为了贸易往来、友好交流和更高文明所带来的种种好处，加州大学必须时刻准备着作出自己的贡献。

当我遥望海港之上迷雾散开的地方，我想引用并简单改编一位英国天才约翰·亨利·纽曼（John Henry Newman）所描绘的愿景："我将目光投向未来的一百年，我依稀看到我所凝视的那片土地已成为联接两个半球的通道，成为世界的中心。我看到那儿如比利时一样人口繁盛，人民像法国人一样活力四射、像西班牙人一样热情似火。"

那个繁荣而充满希望的土地的首府坐落在一个美丽的海湾，

并和一个浪漫区域毗邻。在那里，我看到了一所繁荣的大学，在一段时间里它不得不与命运抗争，但当它的第一批创始人和为它服务的人逝世并消失时，他们的成功掩盖了他们曾经的焦虑。这块神圣的土地，是创始人的家，是他们基督精神的源头。学生们从东、西、南，从美国、澳大利亚、印度，从埃及、小亚细亚以及英国，乘坐着一种可能现在还没发明的交通工具，轻松愉快地蜂拥而来。每个人都说同样的语言，都有同样的信念，追逐共同的目标。当他们学成而归时，将给地球上所有善良的人带来安宁。

第六章

知识和慈善

在约翰斯·霍普金斯医院正式运营时发表的一篇关于医院与医学科学关系的演说

巴尔的摩，1889年5月7日

约翰斯·霍普金斯大学的创始人在建立大学的时候也建立了一所医院，并表示希望医院建成时可以成为大学医学院的一部分。医院开业之际，该大学校长兼医院的院长作了以下演讲。

13年前，在美国独立纪念日的百年庆典上，约翰斯·霍普金斯先生创办的这所大学正式开始运行。现在当我们纪念百年宪政历程的时候，约翰斯·霍普金斯医院也打开了它的大门，它也是先生馈赠给我们的礼物。医院的建成，凝聚着人们的思想、时间和财富，这将用于慈善事业，延长人们的生命。科学和慈善、知识和怜悯、技术和同情，于此奠基，并将普惠众生。

这位慷慨大度的马里兰州公民，“因其在促进学习和减轻苦难方面的高贵品行，赢得了他所在的城市和国家的感激”，他发现了两个足以支撑他伟大理想的词——“大学”和“医院”。他用一句话把两个词联系在一起：“请时刻铭记我的愿望和宗旨，就是医院最终要成为这所大学医学院的一部分，我已经在我的遗嘱中提供了足够的经费资助。”言短意长，字字珠玑。

就像纽约的詹姆斯·亨利·罗斯福（James Henry Roosevelt）一样，约翰斯·霍普金斯先生“目标远大、生活简单、崇高大度”[①]，先生将医院和药房提供给医学院的内外科作临床教学使用；与纽约的詹姆斯·莱诺克斯（James Lenox）慷慨地建立

① 这句话摘取自一块纪念碑文。

了一个公共图书馆并为一家医院服务相类似，约翰斯·霍普金斯先生已经被誉为学习的赞助者，在慈善和医学的史册上他亦将被铭记。他就像品达（Pindor）（古希腊抒情诗人）所说的西伦一样：

我将起誓
一个世纪之前
那座城市即使打开了她辉煌的画卷
也没有送来一位这样慷慨慈悲的圣人
谁能够估量他给我们带来的福音①

我们可以从伦敦的一个类似机构的研究中，来想象这家医院未来的发展。大约在约翰斯·霍普金斯先生去世的一个半世纪之前，托马斯·盖伊（Thomas Guy）逝世。盖伊就像我们的捐赠者一样，单身一人生活至80岁，白手起家，勤俭致富，捐资建立医院。他的捐赠金额超过100万美元。盖伊医院的慈善影响闻名于世。毫无疑问，我们每个人都间接地享受了它带来的益处。伟大的外科医生阿斯特利·库珀（Astley Cooper）爵士，仅仅他的名字就能给他所在的医院带来声誉。人们赞颂阿斯特利·库珀爵士，从他被任命到盖伊逝世这段时间，他是一切受难者的福音。听到他的名字就像回家一样倍感亲切，他的任命给人们带来了信心和安慰。②艾迪生和霍奇金斯（Hodgkins），这两个人的名字对医学历史学家来说也很熟悉，他们是那家医院的医生。理查德·

① 奥林匹克II，加里的版本。
② 《库珀爵士回忆录》（*Memoir of Sir A. Cooper*）中鲁茨博士（Dr. Roots）的信。

布莱特（Richard Bright）也是如此，他的医学发现被认为是对19世纪上半叶医学科学最重要的贡献之一。从1836年起，在盖伊医院进行的医学观察和研究就有50卷资料。数千名医学院学生在校内接受训练，一位观察者说："他们的存在成就了这所医院。"成千上万的病人在那里得到了救治，在一年的时间里，有5000名住院病人得到了治疗，超过3万名非住院病人寻求诊治。但我们正在规划一个比一个半世纪还要长的未来；规划着一段与圣巴塞洛缪医院或圣托马斯医院一样的历史，即许多世纪过去之后的现在，它们历久弥新。

我手里拿着一本刚从伦敦圣巴塞洛缪医院的监事诺曼·摩尔（Norman Moore）医生那里收到的卷本，我向大家诵读一遍其热情洋溢的话语："这是在最古老医院之一的医院中所记录的关于医学进步的著述，送予最新的医院的图书馆，并热切地希望约翰斯·霍普金斯医院如同圣巴塞洛缪皇家医院一样蓬勃发展，造福人类。于约翰斯·霍普金斯医院的开幕日，1889年。"

这本书为我们医院的发展提出了很多建议。首先是医院的运营和维持。在长达750年的时间里，这家医院一直保持繁荣昌盛。自父辈目睹征服者威廉进入伦敦的那一代人起，圣巴塞洛缪医院的大门一直向穷人开放。

然后是医学的进步。在这里，你可以看到"医生是如何从一个学生变成一个具有科学精神的观察者的，以及表面看来不学无术的外科医生如何从一个匠人变成具有科学精神的人"。

接下来是对杰出人物的训练。在这里，你可以找到凯厄斯（Caius）、伯纳德、波特（Pott）、阿伯内西（Abernethy）、劳伦斯（Lawrence）和佩吉特（Paget）的名字和关于他们的功劳的记录。你可能会知道，托马斯·杨（Thomas Young）博士，这一波光理论的鼻祖当时还是一个学生；你将会看到一个比我说的所有人更出名的人的故事，他就是血液循环的发现者，威廉·哈维（William Harvey）博士。[①]

时间可能会抹去人们对创始人的记忆，就像它已经抹去了人们对于圣巴塞洛缪的创始人拉西（Rahere）的记忆一样，但约翰斯·霍普金斯的慈善精神将会被永世留存。历史将会铭记他的广阔视野，他的坦荡胸襟，他的明智仁慈。

关于我们能从这家医院得到的益处，我想起1789年约翰·霍华德（Johns Howard）先生，一位现代慈善家的先驱，在他去世之前，发表了一篇关于欧洲传染病医院的文章，这促成了监狱、收容所、避难所和医院的改革。他把西塞罗的一句话放在这篇文章的开端，这句话很适合我在此引述："我们能对国王做些什么呢？他精神自由、行事慷慨，他善于激励压迫者、热爱和平，能为人们带来安全"[②]

一直以来，医院最重要的使命是救死扶伤。为了完成使命，医院充分利用新鲜空气和阳光，提供舒适环境，吸引睿智的医生，招募训练有素的护士，用照片装饰墙，带来水果、鲜花、书籍和朋友，用宗教来安慰病人。即便这样，谁也无法掩饰，医院还是受苦之地。

除了悔恨

人类能通过医学研究工作摆脱疾病

① 摩尔博士提醒大家注意这样一个事实：凯厄斯博士为鼓励解剖学研究而设立了专项基金，哈维获得资助，从而获得重大发现，并在一次演讲中提出了引人瞩目的观点，这一观点源自亚里士多德的一篇文章。

② 出自西塞罗的《演说家》第8章。

对那些有勇气开始的人
这是治疗疾病的灵丹妙药
哪怕疾病将人们拴束于命运的链条
很难被打破或战胜。①

关于病人所居场所（也就是医院）的命名，有深刻的内涵。"好客"（hospitality）和"医院"（hospital）暗示着医院对病人的亲切关怀；"传染病院"（lazaretto）这个词只是后来被贬损了，它最初的意思是恢复生命；"Misericordia"，"LaCharite""La Pitie"意为"慈悲之家抑或好心人之家"，让人想起爱与关怀的亲切影响；圣·约翰、圣·托马斯、圣·巴塞洛缪以及圣·卢克都是最受欢迎的父名；帕拉塞尔苏斯（Paracelsus）在圣塞巴斯蒂安医院去世；伯利恒、贝瑟尼、贝塞斯达和耶路撒冷城市的名字，让人们联想起伟大的医生在医学战线奋战的场景。许多基金会以基督的名字来命名；有些其他地方的医院有最崇高的头衔——"上帝之家"。

不管叫什么名字，医院都是病人聚集之所。对苦难者的同情必须以严格的纪律约束，就像对本笃会或卡萨斯主义者的约束一样严格。那些每天行走在医院走廊上的人是生命和健康的守卫，不管他们的地位多么崇高，也不管他们的服务多么卑微。而随意的访客会同情地跨过病房的门槛，也会对那些用毕生精力救死扶伤的人表示钦佩和感激。

这家医院不仅满足了人们的日常需要，它还将随时准备在紧急情况下提供特别服务。火灾、爆炸、铁轨上或海上的意外事

① 出自《乌戈·巴斯季的医院布道》第13页。

故，一个平台或者拙劣施工的建筑的倒塌，所有这些随时都有可能耗尽一个伟大工程的所有资源。是的，我们不惧怕麻风病和瘟疫；我们几乎不再害怕霍乱的到来；我们正在学习如何阻止黄热病接近我们的北方海港；疫苗接种是詹姆斯·辛普森（James Simpson）爵士所说的“实用医学中最伟大的思想”，是一种伟大的预防措施。但是，我们不能确定白喉和感染性发烧是否会继续流行；我们也不能始终确信，城市和国家的健康委员会是否将会成功地保护我们，使我们免受瘟疫的影响。事实上，可以询问巴尔的摩的管理者是否像应该做的那样加强了防护举措，阻止流行病的恶意入侵。除了其他功能之外，约翰斯·霍普金斯医院将成为后备力量，而且是力量之源。如果恐惧和疾病蔓延开来，它将时刻准备为这座城市服务。

在这里我想说，追忆往昔、畅想未来，世界各地的勇士们都可以在医疗行业找到与他们同样的身影。没有狂喜、没有报酬、没有命令，这些神圣的人在瘟疫横行的时候从一个病床到另一个病床，坚定、无畏、忠诚，给病人们带来欢乐、舒适和宽慰，使病人恢复健康和活力。对他们来说，在危险的时刻没有停歇，盘旋于城市上空的死亡之翼也不能阻止他们履行责任。人们经常说，就像弥尔顿（Milton）对信徒所说的一样，真正有信念的人总是在那些没有信念的人中间被发现。读一下现代瘟疫、纽约的霍乱、爱尔兰的热病和饥荒、南方的黄热病的历史，到处都是相同的故事。记录的故事越可怕，我们越不能退缩；我们越易于忘却，医生的努力愈加富有人道精神。

对于那些贫病交加的人，医院没有收取任何费用；而那些可以为舒适的照料、宾至如归的环境支付费用的人，将会发现他们在这里比在私人住宅里能接受到更好的照顾。这里有安静的环境，任何时候都可以提供可口的饮食，医疗护理时刻准备着，减轻病痛的多种医疗设备随时就绪。越来越多的住在旅店、公寓里的旅客、学生，甚至有很好的私人住宅的人，当他们需要延长护理和特殊照顾的时候，就会想住在条件优越的医院里。为了满足病人的这些需要，每个病房都为每一位支付费用的病人提供他们所需的服务。

如果这所医院只把经验留给自己，那它将是一个非常狭隘的机构。故弄玄虚和灵丹妙药是江湖骗术的精髓，医学的荣耀在于它没有任何专利，也不隐藏任何发现。相反，除了照顾病人这一首要职责之外，世界上最好的医院都认为他们的首要职责是记录他们所治疗的病例，记录他们所采用的好的或者不好的方法以及结果。关于病理学和实用医学的科学研究成果资料必须传播；关于特殊的病历、最新的手术方案及减轻病痛方式的论文通常需要配以昂贵的插图进行印刷。如此，医学的进步才能得以实现。秘术盛行的地方也是冷漠和无知的栖息之地，而技术进步喜爱有光的地方。

如果一所医院没有成为医学教育研究的场所，那么它就不可能是一所真正的医院。有趣的是，医生用来宣誓的希波克拉底（Hippocrates）宣言中，明确提到传授知识是医生的责任之一。即使是乡村医生，当他坐着小马车从一个村庄到另一个村庄行医的时候，也会带着一个实习生，就像骑士带着侍从一样。每一个伟大的外科医生行医的时候都有年轻的助理医生在仔细观察、学习。其实，每个母亲都是她找来医治其受苦孩子的医生的学生。所以，一家医院就是一个教学场所，因为它的杰出员工们每日都在为了病人的需要向人们提供咨询。教学将如何系统化取决于一些不曾预料的情形。现在需要说的是，世界各地的医院都是医学发展和外科手术的学校。

医院的另外一项功能是最近才发展起来的护士培训，这种功能一经发展也就不会被抛弃，这种培训会一直持续下去。罗马天主教会的修女会，德国凯撒斯韦特和柏林贝塔尼思的新教女执事以及许多地区的神职人员，她们向世界传授了培养护士的重要性，这是值得赞扬的。伊丽莎白·弗莱（Elizabeth Fry）是最早提出相关教学方案的英国女性之一。弗洛伦斯·南丁格尔（Florence Nightingale）在克里米亚战争和她后来的工作中，也扮演了一个崇高的角色。我们的国家也有这样的优秀女性。内战充满了悲伤的回忆，但有一些光明的故事；在这些故事中，没有比在医院里勇敢、无私和聪明的妇女的故事更鼓舞人心的了。那些读过《我们在葛底斯堡的所作所为》（*What We Did at Gettysburg*）或《医院的日子》（*Hospital Days*）的人们，已经忘记了他们的教训吗？作为战争的直接结果，护士学校开设在这片土地的每一个角落。我们的医院很快就会设置这样一个部门，护士们不仅要在这些部门接受职业训练，还要接受与家庭事务以及探访穷人等方面相关的训练。

一个好的医院很容易成为城市里的医疗职业者们汇集的地方，他们本身也是这座城市的市民。

互相交流、互相帮助，
达成伟大的成就和伟大的发现；
人们的智慧相得益彰，
孤独思考者的思想显得贫瘠且跟不上时代的发展。

建造这个中心建筑的目的之一，是为医疗职业者的沟通交流提供必需的场所。这是为图书馆准备的房间，会收集珍藏各种书籍；这里将会存放医学杂志；这里将配置最好的医疗设备；这里将开辟个体咨询和公开会议的房间；这里将有生理和病理方面的实验室。在很短的时间内，在奥斯勒（Osler）博士的邀请下各个医学协会将聚集在这里，相互交流、相互帮助，对此我不会感到惊讶。奥斯勒博士是一位主任医师，在巴尔的摩人的热烈欢迎下，心怀强大的职业自信，今天承担起了最大的责任。

还必须提到的是，在接收患者之前，我们这家医院已经向世界作出了它的贡献。这家医院所凝聚的大量思想，不仅体现在它的整体安排上，而且体现在成千上万的为了提高效率的细节考虑上，一直吸引世界各地观察者的注意。在过去的几天里，从国外最著名的内外科医生那里收到的信件，以及来自美国遥远城市的大批医学人士今天的到场，都表明了这一点。

最后，如果这家医院成为所有与疾病的本质、预防和治疗有关的知识中心，那么它必须给所在的城市和所在的州的人们不断提供指导，它需要为促进居民健康服务。在墨西哥的一座教堂里有一座祭坛，上面刻有献给“万神之神”和“健康女神”的铭文，人们在盖伊医院同时发现了相关雕像。

这一切花费是明智的吗？面对质疑，我想引用华兹华斯在谈论剑桥大学最昂贵的建筑之一——国王教堂时所写的词句来表达自己的观点：

神圣的天堂与斤斤计较的守旧水火不容

高贵的圣徒不做无意义的修行

在错置的目标下建筑师构想着无上荣耀的智慧结晶

就像那座教堂一样，这所医院也凝聚着思想

思想的甘甜孕育着永生

有些人说："我相信一切减轻痛苦的实际工作，但我害怕谈论医学教育。我宁愿看到一千张病床，也不愿为医学教育提供任何经费。"在这里，我很愿意给这些人更具体、更适当的答复。首先，这样的想法是值得我们尊重的，因为对不清楚医学知识增进和医学技术发展之间存在的密切关系的人而言，这是很自然的。然而，那些仔细研究生命何以延续、痛苦何以减轻、健康何以恢复的人，都清楚地意识到科学的每一个进步都能给实践带来更快的发展。容我在这些不同的观点之间作进一步阐释，我想举一些例子来说明懂医学的人与一个对医院感兴趣但不曾关注医学进步的人之间的隔阂。医学进步是如此缓慢、如此困难、如此不确定，但最终必定会向前发展，而正是这些进步使人类治疗技术日益提高。

纽约已故的奥斯丁·弗林特（Austin Flint）博士，在他生命即将结束时发表的一个演讲中，以他的经验智慧指出了医学的可能未来。对我来说，试图重新描述医学发展的未来可能性，未免太自以为是了。但是考虑到今天特殊的承诺和各项投入，我们应该在此强调一些鼓舞人心的思想。

让我们首先考虑一下把医院作为观察疾病的场所能够带来的好处。在我们当中，没有人比这家医院的病理学家威廉·H.韦尔奇博士更有资格谈论这个话题。他在医院还没创办之前，就作为大学教授一直致力于研究疾病的性质和起源。他让我了解并相信了以下观点：

那些为提高实践医学手段和外科手术效果作出重大贡献的

人，大部分在医院服务的过程中积累了丰富的经验。在医院里，通过不断地陪伴在熟练的医生和受过良好训练的护士身边，他们可以进行精确的观察，并在最有利的条件下确定疾病的表征和治疗的效果。

我们目前对疾病的发生过程、诊断、预防和治疗的知识在很大程度上，是基于医院的经验形成的。教科书、专著和医学杂志将这些经验整合在一起，并把它带到医学这个职业中，这就是为什么聪明的医生总是渴望获得在医院中进行服务的机会。

医学从纯科学研究中获得的好处可以通过许多例子来证明，这类案例实在太多，以至于很难在其中做出选择。这里列举一些韦尔奇博士提到过的例子：

赫姆霍兹为生理光学方面的研究奠定了基础，他发明的眼球检验镜以及眼科学的相关技艺与研究发展为临床医学发展奠定基础。

在最难的动物电力学领域，杜波依斯·埃尔蒙德（Dubois Elmond）投入了很大的精力。这些努力给我们提供了用于诊断和治疗的电力学知识，从而提高了我们对神经疾病的认识。

化学家的工作有助于医学事业的进步和提高，其中有很多事例值得引述，最近被引进现代医疗技术的许多成功的疗法都是来自于合成化学的成果。毫无疑问，这一领域还将进一步发展，我们可以预言在化学家的实验室还将产出治愈疾病和减轻痛苦的药剂。

通过发现引起各种传染病的特定细菌，外科手术已经发生了革命性的变化。防止外部伤口感染已成为可能，从而可以防范一系列创伤性感染，而这些感染往往使许多外科手术变得危险和无效。预防医学已在科学中占有一席之地。

对疾病起因的准确认识给更为有效合理的疗法提供了可靠基础，并且我们有充分的理由相信，未来将会产生更多的方法来消除目前已知的有害物质。

在这里，我还要介绍另外一个神奇的事例，它几乎被称为奇迹。从止痛剂的研究过程中，我们能清楚地看到先进的知识在促进慈善方面发挥的巨大作用。

消除痛苦是人类擅长的本领，尤其是麻醉药，这是医院里最受重病患者欢迎的药剂，被看作来自天堂的“善良天使”。当本次集会上的年长的外科医生还是学生的时候，最常用的麻醉剂是鸦片和酒精，但这些东西的使用具有局限性，效果也不尽如人意。没有人能体会重病患者所遭受的痛苦，如今麻醉药带来的安静睡眠消除了病人的恐惧，使病人意识不到自己的状态。我们已经习惯于这种麻醉药的广泛应用，就像呼吸空气一样理所当然。但是，如果你能了解人类是如何获得这一“福音”的，在此之前的科学家和实践者付出过多少努力，了解包括一氧化二氮、乙醚、氯仿和可卡因在内的四种麻醉药的“进化史”，就能体会到“它们是来自天堂的甘露，是上帝赐予人类的礼物”，这是一个比《一千零一夜》（*Arabian Nights*）更精彩的篇章。

任何一位对科学的用处持怀疑态度的人，都应记住：麻醉药能消除病人（这些病人可能就是他的亲朋好友）的恐惧；麻醉剂使得外科医生完成手术变得容易且顺利；最重要的是，麻醉剂能缩短痛苦在人们身上“作威作福”的时间。他应了解一下几千年的医疗实践和半个世纪的科学研究，然后从科学与博爱中体会出为医学进步而献身是一件多么受人敬佩的事。

让我们从过去转向未来，所有迹象都预示了人类历史进入了一个新时代。所有的科学，都在引导人们更好地了解生命的规律；科学的进步不但提高了人类的身体机能，还增强了人类的精神和道德的力量。

有四五个领域的研究成果值得我们期待，就像过去商人们在屋顶上盼望他们遣送到遥远港口的船只归航一样。

预防医学将为人类做越来越多的事情；随着导致许多特定疾病的细菌被发现，消灭细菌的方法也会随之产生；如果立法和行政管理与科学保持同步，如果知识能由美德和性情控制，那么社会就可以从过去几代人使成千上万的人丧命的弊端中解脱出来。

我们将不断从化学实验室里发现新疗法和更简化的旧疗法，现在备受关注的合成技术对药理学研究产生了重要的贡献。我的同事雷姆森（Remsem）教授跟我说有几十种物质直到最近还不为人所知，这些物质有待天赋异禀的临床医学家进行研究。没有人能预测它们对药品将会产生什么新贡献，但关注这一进程的人一定会确信被隐藏的秘密不久将被揭露。

没有人能说出使用精确的科学方法研究心理现象会带来什么结果，但前景是充满希望的。我们和以前一样，还不能阐明精神与身体的神秘关系，但是对于这二者之间的相关作用规律已经有所了解。在大脑和神经系统的功能方面获得的知识，已经使许多心理紊乱症患者得到治疗，许久之前还无法治疗的心理疾病也得到缓解。我们希望已经建立的生理学和心理学实验室，将对科学作出重要贡献，最终证明医学从业者的努力确有价值。

内科医疗器械和外科医疗器械都有很大的改进。一位刚从欧洲回来、参观了那里著名的仪器制造厂的外科医生告诉我，我们现在的制造工艺已经落后于外科手术的设备需求。工匠的手并没有跟上外科医生的大脑，所以现在还不可能购买到为医院所需的所有仪器。

不久的将来，我们将把电磁的发现应用于疾病的治疗和诊断。化学合成法正在带来新的治疗方法，新疗法正在接受测试，渐渐就会有新的药物了。光、热、电、磁的规律，尤其与止痛和治疗相关的规律不断地被发现；温度和气候的规律也为我们服务，甚至气压对外科手术的影响也开始引起人们的注意。对神经系统的研究无疑在不远的一天将会为人类幸福作出重大贡献，心理学的进展预示着美好的明天，实验生理学也正在发挥着作用。病理学，一个和希波克拉底一样古老的术语，在过去的几年里已经成为一门新的科学。遗传的知识正在具备科学的特质，预防医学几乎还是一个新概念，个人卫生的美德已然成为一种新的伦理规范。虽然生物学受到和解剖学、天文学、地质学等学科一样的重视，但它尚未达到最精确形态的概念。人类学以及人类与宇宙之间关系的知识，目前只可以被称为有限的知识。

因此，在大学的实验室里、在医院的病房里，知识都在为人类的福祉作出贡献。人们的生存时间不可能全部都和谢弗勒尔（Chevreul）的寿命一样长，但未来的人们也许70岁也还是处于青春期，到了80多岁甚至90岁的时候仍旧健康而富有活力，这将成为常态。寿命的延长不是我们唯一的希望，以下医疗领域的进展也是我们希望看到的：传染病的消失，患病时长更短，患病概率更低，婴儿死亡率降低，增强对某些邪恶疾病的抵抗力，对许多现在常见疾病免疫能力的增强，用于器官置换的人造设备的研制，更简单、更可靠诊断手段的出现，对特定感染的性质、起源和历史的检测，最后是对安乐死的保证。对于一个普通人来说，这些都是从19世纪一直到20世纪的合理期望。如果人类因此而受益，那还有什么比这更伟大的呢?

为了达到这些崇高的目标，“增进学习和减轻苦难”构成了约翰斯·霍普金斯大学的目标基石。一方面是大学提供了人文和科学学科的教育，同时也鼓励自由的研究；另一方面是医院，在那里所有的技艺和科学都为救死扶伤作出贡献。还有什么其他需求吗？是的，我们还需要一个有医学教育和研究的机构，一个培养内科和外科医生的学院，也就是一所医学院。它将促进年轻医生的培训和促进医学学科的发展，这是非常必要的。

我们的大学需要和医院合作，需要建构已获得资金支撑的非职业类课程体系，医院当然也要在知识的进步方面与大学合作。但正如我以前说过的那样，医院首先还是病人、弱者、伤者以及垂死的人的家，这一点再强调也不为过。这是善行的殿堂，而不是哲学的殿堂。但想要将这两者紧密相连，建立一所医学院最合适不过了。这所医学院，也将以它的创始人的名字来命名。在现代社会正将开启的时候，它可能会像意大利的萨勒诺和博洛尼亚那样为人们提供具有意义的、令人难忘的服务；也或许会像莱顿和爱丁堡一样，成为现代医生接受医学教育的地方；还可能会像柏林和维也纳一样，吸引大量立志于医学事业的学生前来学习。

这个懂得感恩的城市应该立即将约翰斯·霍普金斯的雕像放置于广场的一角，临近华盛顿纪念碑。经过艺术家的设计，以诠释这一伟大的理念：“增进学习和减轻苦难。”然后，也许会有一些医院的朋友在这个雕像下放置一本索沃德森（Thorwaldsen）的《基督的慰藉》（*Christus Consolator*），提醒每一个路过的人——正在工作的医生和护士、完成功课的学生、正在遭受伤痛或疾病折磨的人——这所机构的一切努力，都是对基督教慈善的最好诠释，是“与人为善”精神的延续。[①]在巴尔的摩的一座山上矗立着一座庙宇，“那里卫士的盾牌、寂静的十字架”是基督教信仰的象征；另一座山上的一根高耸纪念柱，让我们燃起了爱国者的希望；而约翰斯·霍普金斯医院则伫立在这个城市的第三座山上，这是慈善之家。信心、希望、关爱和最为重要的善意，永远驻守在那里！

① 几年后，巴尔的摩的威廉·华莱士·斯彭斯（William Wallace Spence）慷慨地将这尊雕像的大理石复制品树立在约翰斯·霍普金斯医院。

第七章

医学的现代发展

在亨特纪念大楼开幕式上发表的演讲

哈特福德，1898年2月1日

在演讲中所提到的这个建筑是为了纪念E.K.亨特（E.K.Hunt）博士所建造的，他是哈特福德最有名的医生之一，1833年从耶鲁研究生院毕业，曾担任康涅狄格州医学社会学协会的主席。有机会在此举办集会，我们备感荣幸。可以说这是馈赠给医学行业的宝贵礼物，图书馆和实验室也可能得以维持。

此刻我们欢聚一堂，这将为哈特福德带来显著发展，会为其带来无上光荣。这个纪念大厅是医学教员的办公所在地，是进行调查、聚会以及追忆的地方，通过他们的工作每个城市居民都能从中受益。此地作为生命与光明的中心，为本州其他地方或者更远的地方树立了一个榜样。都柏林、爱丁堡以及伦敦都有自己的医学院，里面摆满了杰出医生和外科大夫的画像、雕塑和纪念品，是图书馆、博物馆和实验室的附属品。在波士顿、纽约、费城和巴尔的摩也能发现相似的、正在蓬勃发展的机构，但是哈特福德（据我所知）在一定程度上是第一个由于医学院的发展而吸引专业人员汇集于此的城市。他们可以相互认识和问询，交流经验，了解目前的期刊，查阅调查报告，做细致精确的科学观察；这些相处的时间对于他们将治疗技艺付诸实践来说非常重要。

作为一个外行，我对医学科学的具体细节不是很精通，作为您[1]的荣誉代表，我应当对接受邀请感到犹豫才对，尽管我曾担任过医学院的院长，还担任过一个重要医院的院长。在我们国家

① 我终生好友以及卓越的前主席——梅兰希顿·斯托斯（Melanchthon Storrs）医生。

以及其他国家，实际上我和一些行业的领导者建立了密切的联系，还参观了很多医院、医务所、图书馆以及实验室，这些机构对医学的发展产生了深远的影响。我了解医学教员的意愿、困难、方法、成就、期待；了解支配他们生活的人道精神；我赞赏他们的奉献精神、工作热情、高超的医疗技术；我有幸在此向医学工作者致敬，很荣幸有机会当众感激那些将生命奉献给为减轻人们病痛提供服务的人。在这个科技快速发展的时代，他们的坚定目标是阻止疾病进入一种无序的不可控的状态，他们的任务是治愈病痛。医生们将自身的第一职责定义为阻止疾病发生，而非将其作为获取收入的渠道。他们跟随自身的意愿行事，富有和蔼、同情态度以及人道观念，无论是在最偏远的乡村还是最繁华的都市社会，医生都是值得信赖的陌生人，这与种族、肤色、信仰无关。你应确信医生在努力奋斗，在拼命阻止和治愈伤病。史蒂文森（Stevenson）在一段引人注目的行文中，记载了他在许多地方观察到的医生的职业行为，医生乐于助人的行为是如此的贴切感人。伊恩·麦克来伦（Ian Maclaren）完成美国长途巡讲之后，宣称无论他到哪里，总有些人会说他们听说过维鲁姆·麦克鲁尔（Weelum MacLure）医生的感人事迹。

在场的众多医务工作者，你们必须明白，我说的不是某一位医生，而是医生群体。我应当为你们展现作为一个外行人是如何看待医学发展的外在表象，预估其进步状况；作为一个外行人，我应该试图不受拉丁语处方和希波克拉底的宏伟誓词的影响，尽量使用医学术语。尽管外行人评论医学事件，在很早之前就被休厄尔以一种有趣的方式进行了嘲弄，但我仍然想谈论一些并不算过时的观点。

我请求大家快速审视医学在现代社会所取得的发展——不是

那种短时的调查发现，也不是个案的分析说明，而是取得巨大进步的一些案例，甚至几个划时代的重大事件，这为文明世界所有人民的生活都作出了贡献。为了使这个范围广泛的调查尽可能符合地方利益，我想从1636年签订的康涅狄格协议谈起，这是一件里程碑事件。闻名于世的哈特福德的创始人——忠诚、睿智、才华横溢的托马斯·胡克（Thomas Hooker）先生开拓了这个蛮荒之地。他被誉为当代的威廉·哈维，对血液循环的发现做出了杰出的贡献。哈维的眼光和睿智，在一定范围和一定程度上促进了现代医学的发展——他是博学的、敏锐的、灵巧的、富有洞察力的，我们应给予他最大的感激和无上荣誉。

各地医生和朋友们聚集在一起，共同纪念和赞誉哈维先生，这是一个非常有趣、但并非有意促成的巧合。1598年，这位聪明的英国学生进入帕多瓦大学（帕多瓦位于威尼斯，就像波士顿的剑桥大学，或者哈特福德的纽黑文），那时候那里已经有了医学院，因为拥有知名的维萨里和法布里修斯而富有吸引力，他们都是解剖科学领域的知名领袖。直到最近，帕多瓦大学的一位教授才发现了两块纪念碑，它们被长时间隐藏于一段与世隔绝的围墙内，上面刻有哈维先生的姓名和国籍。碑上还有医神埃斯库雷普（AEsculapian）的标志—— 一只伸展的手握着点亮的蜡烛，犹如两条毒蛇缠绕其间。可惜的是，哈蒙德·特朗布尔（Hammond Trumbull）医生不会在这里给我们解释这个纹章图案的含义了。对我来说，这意味着“在邪恶的力量间闪耀着光明”。这块石碑的拓片，将会成为学院最引人注目的装饰品。

我手里也没有找到证据证明胡克曾经见过年长的哈维。或许他们见过面，因为他们于同一个十年间都在剑桥大学工作和生活过，直到哈维先生的医学发现结集出版发行之后五年，胡克才离开英国。沃尔特·萨维奇·兰多（Walter Savage Landor）曾以想象的方式虚构过二者之间的对话：

胡克："哈维医生，请你告诉我你发现的秘密。"

哈维："其实没有什么秘密，我只是在探究真理，当发现时，就公之于众。"

胡克："我能以宗教教义的形式来追随你做榜样吗？"

哈维："当然可以，不要想其他东西，只需要思考真理，光明就会普照大地，甚至在蛮荒之地，也会减弱邪恶的力量。"

我们现在常常谈论血液循环，就像谈论空气循环、潮汐变换以及货币的流通一样——这些现象对于我们每个人来说都是稀松平常的。但是，在哈维先生发现这些之前，没人能够唤起人们对生命内部的不可见的神秘之境的探索欲望。甚至人们认为切割下来的人体组织，与身体分离后不会凋亡，仍然会发挥其作用。

现代医学从哈维先生的发现开始。他首先确立了动物生理学的基本原理，他手握钥匙打开了"人类城堡许多神秘的房间"。他揭示了心脏的秘密，同时还推进了呼吸系统、消化系统、营养系统的知识发展，建立了药物工作室以及发展了医疗手术技艺，就像永恒的太阳在太阳系中发挥的效力一样。

哈维先生的这一具有划时代意义的发现，并非偶然出现的，而是长时间投入观察产生的结果，是对关于生理学与医学的理论进行更深层次探究的结果。这些理论在17世纪的前半叶非常盛行，而那时的胡克可能正在伊曼纽尔学院学习，抑或在切姆斯福德布道。从事医疗行业的人非常清楚能从哪里发现信息，而外行不得不求助于专业化的档案馆，他们也只可能通过莎士比亚和培根作品的注释获得流传于专业人士之间的关于医学的只言片语。

莎士比亚的去世几乎与哈维先生在医学院首次担任拉姆莱恩

讲座的讲师发生的时间一样。莎士比亚的医学典故被很多作家拿来研究，其中包括达·科斯塔（Da Costa）、奥博特（Aubert）、莫耶斯（Moyes）、汤普森（Thompson）和斯特恩斯（Stearns）等人。在医学知识方面，很多人更喜欢哲学家和历史学家的权威，而不太信赖诗人和剧作家的医学观点。我没有证据证明哈维先生和莎士比亚相熟，但哈维和培根毫无疑问是相识的。当解剖学家与哲学家彼此解释对方的疑惑时，所产生的结果会推动医学的革命。《学术的进展》（*Advancement of Learning*）一书，培根使读者笃信遗传在维持人类发展方面的作用；他所著的《关于生死的问询》（*Inquiry Concerning of Life*）在第五部分指出：（如同他所述）伟大的哲学家所掌握的三十二项生存指引之术“在著作之外备以自用，延长自身的生命”。其中，特别提到“万能解毒药，一年服用三次”。那么什么是“万能解毒药”呢？我想现在大概已经众所周知了吧。[①]培根的《青春的谷粒》（*The Grains of Youth*），是另一部现在来看都不过时的预防医学著述。

但是，“万能解毒药”与“玛士撒拉水”相比就显得简单且容易获得了。就像其名字“玛士撒拉”所隐含的意思，一种生命保障类型的药物，它也被培根称为“年龄的干燥剂”。不幸的是，药剂的研制和推广出了差错，尊贵的韦鲁拉姆（Verulam）和圣·奥尔本斯（St. Albans）都没有活到理想的“70岁”。下面是这种非凡液体的浓缩版制剂说明，我得指出与现代药典里的药

① 来自米特拉达梯（Mithridates）的叙述，他是非常有名的波斯国王，发明了一种通用的解毒剂，专门应对混合了多种毒药的毒剂。布丰（Buffon）在所著的《博物志》（*Natural History*）中指出，野鸭的血液是冲剂的基础，因为这些野鸭全都是用本国生产的有毒草药喂养大的，实际上野鸭的血液获得了抗毒剂的力量。一些人从中看到了现代血清疗法的起源。

品名录或者美国的律师考试相比，这份说明都显得更加神秘和复杂。

需要准备两种粉末和一种液体，下面是具体的做法：

首先，将蟹壳放在红葡萄酒里煮，加入迷迭香，煮干后碾成粉末；加入一些珍珠，用醋浸泡，同样干燥后碾成粉末；放入一点生姜和白罂粟籽，再次浸入加了藏红花的烈酒中，蒸发掉烈酒后，在太阳底下晒干并碾成粉末，加入硝酸钾和琥珀色的油脂，将这些混合物放到干净的杯子里以备使用。

其次，将黄瓜浸泡在牛奶中，应用蒸馏方法排出水分。

再次，在里面放入一品脱红葡萄酒，并且用金子淬火四次。

最后，将上述三种原料混合在一起，粉末拌匀，早上喝一杯，然后外出散步。

通过这个复杂的制剂方法，哈维先生的思想烛火被点亮了。

在我转换演讲主题前，不得不再介绍一下我们已经熟知的哈维先生的实验，因为实验成果为人类带来了诸多的益处。希望这能让任何有智识的人确信，如果血液循环这一发现在维多利亚女王时代的法庭中幸存了下来，那么我们便不必等到查尔斯一世时代才能从这一伟大发现中受益，主教和政府的部长们、衣着时尚的人们和文人墨客们或许可能会早一些摒除偏见和无知，也就不会延缓甚至阻挠这样一个迄今为止最为重要、最为有用的发现的诞生了。

康涅狄格州，这个喜爱木钟和沃特伯里表的地方，全世界最精确的计时器均产自这里。如果哈维先生当时能借助精确的计时器开展实验，那将会产生更大的成就。当时的钟表只有时针，而现在初学者已能利用计时器更精确地计算脉搏次数了。当时，人们只能通过重述一些熟悉的《圣经》段落或者祷文来记录时间。

翻阅鲍尔先生的《哈维的人生》(*Life of Harvey*),能使我们更好地了解哈维先生其人其事,这本书也介绍了英国医学的发展历史,我很感激这本书给我提供了很多惊人的、有趣的典故。鲍尔从诺曼·摩尔对圣·巴托缪尔医院的评论中引用了一段话:

将祈祷和药房混合起来对我们来说很奇怪,但值得我们思考的是,莫菲尔德(Mirfield)曾经在修道院里干的事情。当时时钟很罕见,在那个年代以及那个地方,时间可能不会被准确地以分钟来计算,所以需要重复诵读许多段《圣经》和祷文来衡量时间,但这是不合理的。为了治疗某种慢性风湿病,莫菲尔德建议用橄榄油来涂抹并反复按揉患处,这些要以宗教仪式的形式来准备。要把橄榄油放在干净的器皿中,准备者要做一个十字标志的动作,念诵主的祷文以及圣母颂。当器皿被放置在火中时,唱诵圣歌《为什么其他教徒愤怒》(*Why do the heathen rage*),直至唱到"祝愿我,其他教徒将追随你"这一句,而且还要唱出荣耀颂歌、祷文以及圣母玛利亚赞歌,将所有这些重复七遍才能结束。仪式完成后,保留橄榄油。

摩尔医生测量了这一仪式所花费的时间,发现刚好是一刻钟。

这种没有能力精确地计算脉搏次数的现象,引起了我的注意。另外,在已取得成就的基础上,哈维先生注重在医学实践中使用精密的仪器,善于改进手术实施的形式与材料。哈维先生用灵巧的手接触仪器,用敏锐的眼睛观察实验。眼睛、耳朵和手的力量,经由精巧的仪器,促使医学水平得到了大幅度的提升。医学技艺的进步和制造工业的发展,再加上医学人员对这些发明和实操程序的学习和掌握,使得患者得以从痛苦中解脱。哲学家和神学家斯宾诺莎就以磨镜片为生,他可能也对手术的进步作了贡献。关于这个主题还可以用一个讲座来讲授，由于时间关系，我只能呈现一些最为重要的角色了。[①]

提到医疗仪器的发明创造，显微镜的重要性首屈一指，就像柳叶刀一样不可或缺。我们已经能对阿基米德凸透镜进行加工、制造和调校，它是揭示人体组织与分泌物本质的探测器，还可以观察细菌和细胞，可以帮助实践者确认或否认那些之前靠猜测而得出的结论。显微镜的后继者是一些适用于研究特殊器官的精巧仪器，比如检查眼睛、耳朵、鼻子、喉咙以及骨盆的仪器。这些仪器中最重要的是赫姆霍兹眼镜，它彻底改变了视觉异常的治疗方式，还可以揭示一定程度的大脑损伤；同时，还可以用于一些潜在疾病的探测，这些潜在疾病通过之前的仪器很难被识别出来。紧接着是所谓的听诊器，这可以看作是电话的前身，它增强了人类耳朵的听觉机能，就像透镜增强了眼睛的视觉机能一样，其指示器向我们揭示了病人的声音和咳嗽这样的信息，更揭示了其真实状况。同样还有诊所的体温计，比较便宜并且便于记录，能够非常精确地揭示病人体温的变化状况，所以医生即使没有在床边观察若干小时，也可以通过病人体温的变化对其进行研究。最后是通过X光拍摄的影像，这个发明的出现还不到三年的时间，在很多医学案例里已成为手术诊断的有用工具。这些精确工具，必须加设多种多样的电子显示仪。所有这些仪器的发明创造，均得益于物理知识的发展；而且这些仪器都很精密，应严加看管，小心呵护。

外科手术的发展进步，大多归于冶金技术的改进，还有对机械原理的灵活应用，以及技师的技能应用。我们小时候在玩耍有

---

① 威尔·米切尔（Weir Mitchell）博士关于《仪器的精度》（*Instruments of Precision*）的演讲词。

刃的刀具时，会被提醒要多加小心，而进行临床外科手术时，更要格外小心。如果通过我的阐述，你们认识到了医学、外科手术与机械工艺所获得的进步有如此紧密的联系，与黄铜匠和刀匠在作坊里做出的不可思议的成就有关联，还与实验室里的科学研究密不可分，那么我的目的就达到了。另外，化学当然也作出了一些贡献，这里不再赘述，我更多的是想解释机械学和物理学的贡献。

医学发展的第三个促进因素，可以归功于铸铁技术的发展。在上个世纪或者几百年前，天花是文明世界最为恐惧与担忧的一种灾祸。那时，刚好有一位英国女士，她的美丽面容被这种恐怖的疾病所毁坏，当她在土耳其旅游时，鼠疫正在那个海湾盛行，但很少人被感染，这在西欧却不为人知。1777年，她从阿德里安堡写信回伦敦，描述了这里的行动与效果，也向西方介绍了东方针对鼠疫的防护措施。这种土耳其疗法，让西方人受益良多。多年后，一位叫爱德华·詹娜（Edward Jenner）的发明家为我们遗留了不朽的作品，1798年第一次印刷出版，作品向世界确认了一种更为简便、更少痛苦、更少风险、更为有效的防治办法，就是利用疫苗的方法。不久，种痘的方法完全取代了土耳其疗法，并且传播到了全世界。

但这个故事远未结束。詹娜之后的几十年的医学实践中，疫苗方法或多或少地几乎成为唯一的接种方式。紧接着就是李斯特（Lister）、巴斯德（Posteur）、科赫（Koch），还有他们的副手和追随者所从事的完美、富有价值的研究，随后产生了贝霖（Behring）和罗克斯（Roux）的抗毒素疗法。

实际上，针对人类与动物疾病的人工免疫法，现代科学的发展也证明了其可行性。英国的玛丽·维特雷·蒙塔古（Mary

Wortley Montagu）女士奠定了接种的基本原理，爱德华·詹娜促进了其持续的发展，通过将挤奶工手上的病毒移植到一个男孩的手臂上，终于消灭了令人心生恐惧的可怕灾难。这些新的接种方式，为近些年的医学发展作出了非常重要的贡献。实验性治疗法具有很高的实用性价值，不可不提的就是人们通过此方法治愈了白喉和甲状腺疾病。

现代医学的第四大进步在于消除了手术过程中的疼痛，病人从恐惧和痛苦中解脱出来，医疗效率也得到了很大提升。哈特福德也擅长医学发明，众所周知，霍勒斯·威尔斯（Horace Wells）医生在1844年12月11日通过吸入一氧化二氮，让助手无痛地拔掉了一颗智齿。麦克马纳斯（McManus）医生认为，从那天开始，现代麻醉术诞生于世。一氧化二氮气体，被称为是神对受难人类的赐福。有块纪念碑简洁地刻着一行字："威尔斯医生发现、证明与实践了麻醉术的益处。"

如今，在动物身上进行实验遭到了一些不知情的人的抵制。值得指出的是，威尔斯医生的医学实验也是"在活体动物上的实验"，在人类身上进行的实验也许是最有意义、最有价值的。

一氧化二氮气体、氯仿以及可卡因这些麻醉药物的应用，都获得了成功，各种方式都被实践证明，给人类解除病痛带来了不可估量的益处。

我想谈的第五点是最近几年来，通过对那些微小有机体的研究所取得的医学进展，比如著名的细菌研究以及细菌与疾病的关系研究等。一旦能够清晰地认识细菌的本质，理解其生命发展进程，下一步就是要尽量避免细菌产生的损害活动，阻止其生长，限制其扩散。

我清楚地记得，数年前针对一个著名手术的评论，导致人们认为“每一个从事外科手术的护士都应该学习关于细菌学的实验室课程”。一位质疑者提到“为什么要这么做”。对于这位质疑者而言，这种做法是令人吃惊的。外科医生的回答是：“因为，如果护理人员看到两件工具已经被消毒处理——其中一件工具应用于杀菌后的培养基中，不能触碰到任何东西；而另一件工具在应用于类透镜介质之前触碰到外套的袖子——护理人员将要接受可能永远都忘不了的教训。”

“这个事情一言难尽。”我的同事韦尔奇医生在芝加哥的演讲中提到，“我应该尝试着复述这个领域内有用的发现吗？如巴斯德是怎样通过对微小寄生虫的研究来挽救法国的养蚕业的；农业、牛奶场以及工业是怎样利用发酵法来获得很大收益的；预防接种是怎样拯救了千万人的性命的；李斯特对于巴斯德发明的应用是如何彻底改革外科手术的；免疫力的科学研究是怎样开启预防和治疗类药物的前景的，白喉的抗毒素疗法以及对狂犬病的预防性接种是怎样挽救了成千上万人的生命的。”

我想谈的第六点是预防药物的发展，这也应该引起大家的注意。到目前为止，预防性药物还不足以减少病痛。应该将所有的立法、行政、统计、医学力量整合起来，以探究人类在抵抗瘟疫方面所获得的发展。不是每一种灾祸都得到了有效控制（例如，流感就很难被控制），但是天花不再普遍存在，霍乱当然也被限制住，伤寒也得到了很好的控制，白喉的危害也得到削弱，范围得到了限制。大家公认的是，我们必须保障饮用水的纯净度，常人的眼睛和味觉不能够像检查员那样敏感，水是否可靠需要化学家的分析。如果一旦发现令人讨厌的细菌，那么细菌研究者的显微镜和培养管就必须投入使用并做观察，必须用火来高温灭菌，而不是将其冷冻。

我想提到的第七点发展，是针对大脑和神经系统疾病的治疗的。由于最近几年开展的显微解剖学研究，人们对大脑的功能进行了定位。时间并不能超脱于鲜活的记忆之外，人们通常将“疯子”视为一无是处的流浪汉，对其进行囚禁，还可能给他戴上手铐，对大脑的研究使得我们对精神错乱的诊断更为准确，这具有重要意义。一位学术权威者提到，“我们中的大多数人可能记得，应用不完善的生理学知识或多或少能成功地定位大脑的结构性损伤。我也记得，这种尝试被人描述为一种纯粹的科学游戏，就像只有在运动员被打败后才能赢。因为当诊断的精确度得到保障后，就不需要边尝试边研究了。虽然纯粹的生理学研究与诊断成功地促使实用医学产生杰出的成就之一，但是目前大脑的器质性疾病的治疗方案还不够完善。”

时间应该多预留给生理化学和药理学学科，近些年来，这些学科作出了很多贡献，消除了药物学中不必要的元素，简化了必备的元素，限制了攻击性元素，发明了新的以及有效的治剂。

我对自从哈维先生和胡克先生在剑桥大学就读以来医学界所取得的发展的回顾，到此结束。你们的关注点已经被吸引过来，包括现代医学的重要发现，预防和治疗接种的引入与发展，精密测量的使用，麻醉剂所带来的益处，无菌外科手术的效果，公共卫生与预防药物的增长，还有对大脑和神经系统紊乱的处理。现在我要强调医学教育的重要性，继续给现代医生阐释所必须接受的教育，他们也即将成为在实践中理解和应用这些发展结果的专家，尤其是那些愿意为医疗技术做出持续贡献的医生。

现代医学的发展历史中，没有比以下经验更重要的了：有关医学事实的准确知识促进预防、麻醉以及治疗药物的发明；对科学的研究是实践工作改进的先驱。听听杰出的实践家P. H.派-史密斯（P. H. Pye-Smith）博士于1893年关于医学发展的演讲吧。哈维先生的发现构成了应用听诊的基础，杜波依斯-雷蒙德（Du Bois-Reymond）对于肌肉和神经具备电属性的调查是纯科学研究，但结果便是提高了这种方法在日常疾病的诊断和治疗中的应用频率。关于血压的实验是由黑尔斯（Hales）首先实施，路德维希（Ludwig）继续开展的，形成了一定的知识体系，在日常的临床中得到应用。伯纳德发明了糖尿病穿刺方法，还有胰腺具备的消化功能等待着实地应用。

我在康涅狄格州和霍斯（Hawes）博士一起居住的日子，看起来是很寻常的，但这段经历为本次演讲提供了大量信息。如果这个演讲听上去非常枯燥，那么我在最后想引用“两到三个实际案例”来结束演讲。

首先，对于所有期望从事医学职业的人来说，包括本人或他们的监护人，我要强调这样一种观点，这是一种召唤，从事该行业的人应感到伟大而光荣——他们从事了一项在身体、智力、道德等方面，都对从业者提出最高要求的职业。养成了同情心，练就了记忆、想象、观察、反应以及判断的最好能力，在这些方面的严格要求，使其通过书本、实验室以及临床成为接受多变的、持续训练的主导者。

医学科学是很复杂的，相当于是一个有机系统。在过去的那段时期内，已经获得了快速发展。要想跟上前进的步伐，必须接受更好的训练，做到灵活机智、脚踏实地，并时刻留心存在的危险。医药学和外科手术建立在病理学的基础上，病理学依靠生理学，生理学依靠化学，化学依靠物理学，物理学依靠数学。因此，期望在该行业中获得成就，必须打下一个很好的基础。特别是数学，当医学生还是一个孩童的时候，所学的几何学和三角学包括电学都是用数学的术语来撰写的。同样，化学研究也需要精确论述。在接受这些初步的教育之后，医学生必须接受长时间的实验练习，通过电池、电流表、显微镜来开展实验。另外，掌握英语、法语、德语和拉丁语也是必需的。逻辑学将教会从医者如何进行论证；历史学和文学将会使医学生意识到时间的流逝。在此之后，还必须接受生物学教育，学习掌握动物和植物的结构与功能，了解生物在等级分类上为何低于人类。所有这些知识，学生不可能纯粹通过课堂或者完全通过书本来获得，必须通过在各种实验室进行个人探究，通过这些方式，学生才能真正掌握关于结构和功能的知识，关于健康和病体的化学成分的知识，低等级微生物所引起的感染性疾病知识，药物和其他治疗剂所含成分以及可能引起的生理反应等相关知识。

紧接着是真正意义上的每个医疗和外科手术部门都应开展的专业化研究，包括对每个原因不明的器官疾病以及治疗方法的研究。这些专业化研究必须与医院、诊所进行紧密联系，知识需要通过临床来获得，并在手术室里得以逐步累积。医生还需要了解医学历史，以及医学法理学的基本知识等。另外，公共卫生科学关系到社会的福利，也是研究中不可或缺的分支。

目前，医学教育几乎不可能在少于八年的时间内确保实行通识教育与专业教育，因为医学学生需要四年的时间接受预科教育，四年的时间接受医学院的教育。至少保证这么长时间的学习量和一定程度的奉献度，学医者才有希望成为专业领域里的佼佼者。

容我再对广大民众说一句，现代医学既有预防的作用，又有治疗的作用。然而，一盎司的预防能达到一磅的治疗效果，忽视营养的补充就像衣服上出现裂缝。因此，预约一位医生，按季度、月、周征询顾问意见，医生就会尽其所能保障你的健康，至少也能检查出你身体的坏情形，让你做好准备。如此虽然未必能让你逃避死神的控制，但能让你面对死亡时不那么恐惧。

有这样一个传说，成群的蜜蜂在希波克拉底的坟墓上筑巢，孩子们用蜂蜜来涂抹伤口进而照料自己，蜂蜜也能治愈一些疾病。所以，希望这个纪念大厅也成为这样一个地方，蜜蜂都能聚集过来酿造蜂蜜，为那些能获得蜂蜜的人治病。希波克拉底誓言从遥远的过去传诵至今。我不会起誓阿波罗的誓言，抑或医神埃斯库雷普，或者任何其他神和女神的誓言，但是我将以庄严的盟约来进行祈祷。这个社群的成员“可能在生活和事业上兴旺发达，受到所有人永远的推崇与尊敬，他们还尊崇并且不混淆庄严的义务”。

现在让我们回到这个具有划时代意义的事件上，即托马斯·胡克来到了哈特福德，与威廉·哈维相识相处。我们刚才回顾的是一个多么让人愉悦的时代：医学不再完全是经验主义的学科，在很大程度上是一门精密科学，在外科病房中疼痛得到了缓解甚至被完全消除，解毒剂与玛士撒拉被一些更有效的药物所取代，对鼠疫的恐惧不再出现在我们居住的城市里。关于哈特福德在这一时期的医学发展，还有很多方面令人兴奋、值得赞叹：这片土地，以对聋哑人的关爱和指导而闻名；对精神病症状的治疗明智而高效；麻醉剂诞生于此地；建立了完美的医院；提倡完善立法体系和理智的公共卫生管理；还有博学的、富有天赋的和技术精湛的医生，他们怀着对上帝的敬畏，为人们提供服务。

第八章 大学图书馆

在康奈尔大学圣吉图书馆开幕式上的致辞

伊萨卡，1891年10月7日

平凡的世界
哲学让我们接受教训；
绿树曾经将树叶散落天际
铸成锚埋藏在土壤之下。
与人一起如同将世界踩在脚下；
远处的鹅卵石沙滩没有小石子
可能停止，这个滚动的球
感受不到自身的迷失。

——威尔·米切尔

在图书馆度过的日子，我们进入诗歌的王国，犹如在极乐世界中徜徉。当我早上穿过图书馆大厅，到处都无比寂静，我就像在梦境中散步。此种境况如此贴心，书籍被合理地利用和安置。在所有建筑中，很少能发现将外表和功能如此完美结合的建筑，而你们天才般的建筑师使这个理念在此建筑物中得以实现；建筑物的装饰能够吸引和激励学者，又不会分散其注意力，不同读者的多样化需求也能得到适当的满足，这一情况也不多见。和其他许多图书馆一样，这座图书馆收藏了极其贵重的文学、历史、哲学、科学、建筑和艺术书籍，从纸莎草版本的《亡灵书》（*The Book of the Dead*）到最近关于人类思想的记录，各类书籍应有尽有；在这儿，这些宝藏享受着充足的灯光，在恒温的环境中、在安静的氛围中，有博学的教师在身边，我们将这里称为充满知识的殿堂。以知识的名义，你我齐聚在这里，感谢亨利·圣吉（Henry Sage）先生的恩赐，感谢怀特校长的慷慨支持；得益于康奈尔大学的授权，这里为美国大学树立了一个追随的榜样。

上述话语是我此时此地的所感所想，但是我在这里并不想谈论贵校所拥有的这些图书宝藏。我非常荣幸被邀请来和大家分享一些想法，并为贵校的图书馆建设提出一点建议。

我是在美国教育的一处圣地开始准备这个演讲的，即位于康涅狄格州的斯特拉特福德。在这里，不得不提到塞缪尔·约翰逊图书馆，这是美国第一所学院的第一任校长在纽约州建立的图书馆。里面的书籍都为他杰出的儿子威廉·塞缪尔·约翰逊所有，约翰逊成为了同一所学院的第二任校长，目前学校已改名为哥伦比亚大学。这儿挂着他们的画像，还有他们著名亲属的画像。这儿还保存有殖民地时代从英国人和美国人那里收到的原始信件。图书馆是“分层的”，每个所有者都会将自己的收藏物寄存于此。这里收藏了能揭示某物种若干代生命演化历史的化石；再比如这里还保留着维纳（Viner）的《英国法律的缩写》（*Abridgement of English Law*）的复印本，从纽约用马鞍袋运送到这里，被一群有发展前景的年轻人反复阅读，这些人注定要成为美国宪法的撰写者。这里还有两版开本书籍《约翰逊词典》（*Johnson's Dictionary*），由杰出的词典编撰者完成，再由三个新英格兰人——韦伯斯特（Webster）、伍斯特（Worcester）和惠特尼进行重新修正，完善充实了这本伟大的词典。

每一本书、每一幅画像、每一篇论文背后，都有一段故事。但是，还是伯克利主教的故事给我带来了更多的启发。我记录下他的作品；阅读了他在纽波特生活的逸闻；聆听了比亚兹莱

(Beardsley）博士所讲述的故事；了解了《阿尔西弗龙》(*Alciphron*）的作者和他在斯特拉斯福德的朋友之间的亲密关系；我还了解到，当伯克利主教心灰意冷，打算回归旧世界时，塞缪尔·约翰逊在白厅拜访了他，并提出了一个建议且很快开花结果。他提议伯克利寄送一些图书到位于纽黑文的学院，不久书就寄过来了。教区牧师克兰普（Clap）说，这是最上乘的收藏品，在我们国家从未出现过一次性进口这么多图书的情况。因此，应给予位于纽黑文的学院以高贵尊严的地位。伯克利主教还为学生与教员带来了精心挑选的一千卷图书，许多都是经典的开本图书，由著名作者所著，包括神学家、哲学家和历史学家。这些书籍，就如同磁铁一样吸引着学生。我还要提及一些其他的馈赠，目前在约翰逊出生的镇上有一个当地人[1]，又捐出了一些伯克利的书籍，所有的物品包括这些书籍随后都被耶鲁大学收藏，安放在一个以高尚和便利而著称的建筑里。

伯克利的礼物开创了美国图书馆发展历史的新时代，但是这个并不是开端，因为很久以前，约翰·哈佛（John Harvard）已经把他的所有藏书都捐赠给了一所学院，而且这个学院还以他的名字来命名。耶鲁的创始人将书从自己的书架中拿出，构成了大学最初的财产。不久之后，杰里迈亚·达默（Jeremiah Dummer）送给康涅狄格州很多由英国人贡献的珍贵作品，这些英国人中就有著名的艾萨克·牛顿爵士和理查德·斯梯尔（Richard Steele）爵士。尽管如此，来自伯克利主教的捐赠已然显得很多、很及时，而且富有选择性。在这么一个值得纪念的日子里，我们应该特别对这位拥有“天堂中的每一种美德”的不寻常者致

① S. B. 奇滕登（S. B. Chittenden)，出生于康涅狄格州吉尔福德。

以我们最诚挚的、最高贵的敬意。伯克利的精神，在他所热爱的新世界里没有得到保存和延续吗？伯克利的精神，没有在我们这所图书馆的创始人身上发扬光大吗？伯克利先生也相信宗教与学习的结合所产生的教育力量，他因此而努力促进知识与信仰的共同提升。

这些历史典故可能离我们今天的生活略显遥远，但是要想透彻理解伯克利主教的所作所为，那么一定不能忘记富兰克林（Franklin）博士。富兰克林博士在1731年就已经着手创建费城图书馆了，那一年，约翰逊对伯克利正在进行临别访问。若干年后，詹姆斯·洛根（James Logan）在富兰克林的基础上，又完成了一些额外的成效显著的建设工作。伯克利和富兰克林的事例，对我们后人而言是一笔宝贵的遗产，比物质财富更为重要。他们都拥有广阔的视野，他们所提出的观点摒弃了狭隘主义、地方主义、宗派主义；他们一位是主教、一位是政治家，一位是理想主义者、一位是彻底的实用主义者，两位都是哲学家兼慈善家，在我们国家的每个图书馆都应纪念这两位先生。

即使有这些慷慨捐助者的帮助，最初的时候这个国家的图书馆仍然发展缓慢。从伯克利的馈赠开始，到其真正发展成熟用了100多年的时间。1831年，安东尼·潘尼兹（Anthony Panizzi）对大英博物馆的制度安排和行政管理提出的质疑，也对美国图书馆的发展产生了一些潜在影响。剑桥一位博学的图书馆管理员贾斯汀·温瑟（Justin Winsor）博士在前几年跟我聊天，提到了前半个世纪在图书馆管理上所获得的完美发展“要归功于潘尼兹”，我很赞成其观点。这位伟大的人物不仅是一位公职人员、一位书志学家、一位收藏研究者，还是一位印刷本收藏家。彼时，身处英国的很多其他外国人已经赢得了很高的声望，比如外交与考古领域的本森，语言学领域的马克思·缪勒（Max Müller），文学领域的罗塞蒂（Rossetti）；如果潘尼兹有任何以上领域的追求，那么可能早已经获得很高的声誉。但是，他选择了一个少有人关注的职业。他非常出名，凭借其学识、智慧、行政权力，号召大家关注公共利益，以至于大家都觉得加入图书馆管理员协会或是就读于潘尼兹学校是一件荣幸的事情。300年过去了，他的名字从此被牢记。法国人现在提起他，如同提起雅克·苏（Jacques de Thou）——一位博学的历史学家，亨利四世委任其管理皇家图书馆，他将这个图书馆发展为法国国家图书馆，成为法国和巴黎最大的荣誉之一。

现在，我得将话题转换到美国图书馆所获得的现代化进步方面。当金斯利教授在1845年赶赴欧洲为耶鲁大学图书馆购置图书时，馆里的藏书有36000册。而哈佛大学要多一些，大概有61000册图书，还得到了位于波士顿邻近学会的补充。同一时期，其他大学的藏书量同样少得可怜。谁要是对这些统计数据感兴趣，可以仔细地查找美国统计年鉴中按照日期进行分类的数据。

美国大学图书馆的现代化时期，始于波士顿公共图书馆的建立——安诺图书馆总教建成。图书馆对于整个国家的影响可以和纽约中央公园相媲美，带来的影响及关注度可以说是首屈一指；图书馆的建筑可以和波士顿三一教堂相比，对美国的建筑学是一个革新；也可以和康奈尔大学的建立相比，成为很多大学改革的先锋。将查尔斯·朱厄特（Charles C. Jewett）从史密森学会转聘过来，让其担任波士顿公共图书馆的负责人，既是一件万幸的事，又是一件不幸的事。他和创建了阿斯特图书馆的科格斯韦尔（Cogswell）博士相比，没有那么博学，也没有那么聪慧；他和纽黑文的赫里克（Herrick）先生相比，没有那么睿智和务实，赫里克是一位天才的细节大师。但是，他身处波士顿的环境是非常幸运的。当时，波士顿公众的一致意见就是需要这样一个公共图书馆，朱厄特教授将其定性为免费的、大型的、详细编目的图书馆，既能够适应公众的需求，又适应学者的需求；部分依赖于公共经费，部分依赖于私人捐赠；在装饰布置上给予疲倦的工人以消遣和愉悦，也能给大多数才华横溢的作家以启迪与满足。哈佛图书馆对大学开放，波士顿图书馆对股东开放，商业图书馆对订阅人开放；但是公共图书馆的要求更大、更自由、更好，“对所有人开放”，就像波士顿引以为自豪的学校教育一样。埃弗雷特、蒂克纳（Ticknor）以及很多人被韦伯斯特称作“波士顿最信赖的人”，成为这项新事业的理事和捐助者。

当朱厄特的精神不断发扬光大时，这个图书馆的精神也未消散。贾斯汀·温瑟以一种高效的方式来继续推动这项工作，而且取得了良好的开端。他的同事、继任者、管理员和理事，推动了图书馆的进步，图书馆建设达到了高度完善的程度。当对图书馆进行迁移时，很快就迁到了位于后湾地区的一座壮丽的建筑里，靠近波士顿美术馆、麻省理工学院、自然博物馆以及哈佛大学的医学院。世界将会清楚地看到一座美国城市在30年的发展历程中所做的，让人们感到高兴，得到教诲，获得教养。有时，我们会有充足的理由对市政府的堕落感到痛恨，对庸碌无为的管理者和不恰当的措施感到愤怒，还会因为迫切需要改革却又很难取得实质性进展而不耐烦；但是，我们不能对共和政体感到绝望，如果我们重新想起曾经的合众国公民在波士顿所取得的成就，看到纽约中央公园里面以及附近的三个贵族基金会，看到芝加哥的两座获得大量捐赠的图书馆、一所活跃的大学、一个对人文学科和自然学科所取得成就的辉煌展览，我们就应信心百倍。

我不会武断指出，这个国家哪一个新的图书馆建筑是最好的。这件事可能仁者见仁、智者见智，不同的需求产生不同的结果。但是，我想指出有一些不是特别出名的建筑，比如剑桥的林奇图书馆、布法罗公共图书馆、伍斯特公共图书馆，毫无疑问，这些和位于纽约、波士顿、纽黑文、巴尔的摩、华盛顿、费城、安阿伯、密尔沃基以及芝加哥的伟大建筑一样享负盛名。

新的图书馆在灯光、采暖、通风、书架设计方面都是极好的，建筑外观方面也是很棒的。例如，费城的拉什图书馆藏有希腊神庙的复制品，还有耶鲁学院老图书馆（修建于半个世纪前）拥有的哥特式礼拜堂，所有这些都堪称完美。其中部分原因，归功于很多杰出的建筑师在过去的10年或15年中已经投身于图书馆的建设中，还有部分原因在于有经验的批评家和像普尔博士一样的图书馆管理员提出的建议。

在图书索引的编制和出版过程中，朱厄特、埃兹拉、阿博特（Abbot）、普尔、温瑟、斯波福德（Spofford）、卡特尔（Cutter）、尤勒（Uhler）以及其他人所付出的努力，让人印象深刻，但仍有待改进。来自旧金山的传闻认为，迅猛的经济发展和技术变革让我们满怀希望，尤其是印刷索引这项工作。图书馆行政部门购置了由杜威（Dewey）和其合作者所建议购买的轻便、便宜的设备，通过这些可以从成千上万的书籍中迅速地对任何图书进行选择和确认，这对于那些习惯于花费数个小时寻找很久以前阅读过的一本书的人来说，是个意想不到的惊喜；还有对于每个忙碌的学生来说，他们也可以获得意想不到的满足。温瑟先生发明了一套机械装置，可以在3到4分钟之内从千万册书籍中找到任何一本图书，并将这本书派送到任何需要的书桌上，据称这套装置将被引入国会的新图书馆中。这样能够使人们进入公共图书馆阅览的时间得到延伸。随着电灯的逐渐普及，许多大型的图书馆一直开放到深夜，例如哥伦比亚学院的图书馆，他们的用户逐渐增多。在我们图书馆里，不仅有电灯照明，而且还引进了温度的自动控制装置。一些图书馆还在周末开放，繁荣的征兆已经出现，读书的时间可以被看作奉献给了休息和安宁。这些人将会聆听古代的伟大思想家的话，而且其现代性也不会在大厅里受到阻拦，生活着的和逝去的先贤在这里因好奇之心进行静谧的交谈。主馆员的询问处被认为和学者服务一样尊贵和重要，查书过程呈现出多变与苛求性，查询图书的技巧比得上扩散知识的技能。若干助理是必不可少的，索引编订的技术已经得到了大幅度的改进并投入实践中。部分是由于阿利本（Allibone）博士的坚持，他将自己的信件附在文人的演讲和申诉上；另一部分原因在于普尔索引在期刊文献上的巨大功用。关于这门技术最新的例证，就是洛厄尔散文作品索引（包含90页印制很好的版本）的编制工作，这是由一位图书馆管理员来完成的，我很难发出这个人姓名的读音，免得打击了他的信心，或者冒犯了他的谦逊。快速地获得图书，尤其是从国外获得图书，不再是一件像以前输入香料和宝石那样奢侈的事情。美国学者紧密联系人文学科的发展脉络，是非常必要的，这就得依靠相关论著的索引。所有这些都需要一大笔经费。很幸运的是，我们永远都不缺乏富有和慷慨之士。最受欢迎的捐赠财富的方式就是建立图书馆。我目睹了来自阿斯特（Astor）家族、贝茨（Bates）、皮博迪、拉什（Rush）、莱诺克斯、蒂尔登（Tilden）、纽伯里（Newbury）、克里勒（Crerar）、奇滕登，还有很多其他人的宝贵捐赠。以上提到的人，均已逝世。

在目前健在的人中，最值得我们赞赏和感激的是亨利·圣吉，他是康奈尔大学受人崇敬的捐赠人，今天我们在这里举行这一伟大馈赠周年庆典。

但是，请一定不要认为我们的公共图书馆已经很完美。在潘尼兹的理想目标实现之前，还有很多事情需要去做，要关注图书馆的每一个角落，注意每一个细节。潘尼兹曾经表达过这样一种观点："我将要建立一座完美的图书馆，必须配备很好的硬件设施，不管学者是否富有，都会将其视为无与伦比的工作场所。"

图书的印刷数量增长迅猛，甚至呈现过度的状态，更不用说报纸、传单以及其他临时印刷品。如果可能的话，都要将它们装进图书馆。对于一个国家的出版物来说，一到两个大型收藏馆可能就足够了，就像国会图书馆、大英博物馆、巴黎国家图书馆之类的，完整性就是其主要目标。在其他的图书馆中，必须体现一些差异化的原则，这并不算困难，特别是在大城市。

让我给大家列举一个巴尔的摩城市的案例，部分原因在于我对这个城市较为熟悉，部分是由于这个城市拥有某些独特的优势。在皮博迪学院里，已经收藏了超过十万册书籍，可以发现其具有现代化特征，这些书籍经过了很好的挑选、包装、排序、编目，这些书籍被安置于四座围墙内，读者可以方便地查询并找到它们。与之相距不远的地方就是约翰斯·霍普金斯大学的图书馆，这里图书的安置原则有所不同。图书被放在十层顶板上，按类别被置于不同的隔间，这样的话无论是在神学院或者实验室，任何院系的教师和学生都能够就近获得一些对所从事研究非常重要的书籍。化学领域的期刊不会被存放在古典文学类书架上，目的是方便化学家翻阅；克雷勒（Crelle）的《数学期刊》（*Journal of Mathematics*）在数学专业学生的眼里是非常宝贵的，而

《乌加桑和尼科莱特》（*Aucassin et Nicolette*）对他们来说则明显缺乏吸引力。在这些学术场所的附近是一座免费的、深受欢迎的公共图书馆，它是伊诺克·普莱特（Enoch Pratt）馈赠的礼物，拥有彼此相距甚远的分馆。普莱特图书馆的大部分图书都可外借，遵从每个人的意愿，不管是富裕的还是贫穷的读者都可以把图书带回家。在这些机构周围是一些特殊的图书馆，为不同利益群体控制，包括法律、医学和神学类图书馆。这里还有一个大型的历史图书馆和社会图书馆——新商业图书馆，订阅者可以免费阅读；该图书馆实际上建在一个圆圈范围内，半径差不多有三分之一英里，里面有30万册图书，可供任何人选取阅读。在这个国家，很少有城市能够为每个阶层都提供如此好的图书阅读服务。这就充分体现了差异化需求的原则，因为每个基金会都在考虑自身客户的需求，尽可能提供适合于自己客户的阅读服务，这样一来城市里所有的人都得到了满足。

就单一图书馆的运作而言，类似的差异化原则提高了图书馆的效能。每本书都具有不同的价值，即使相同的书所体现的价值在不同时间、不同地点也会发生变化。一册图书可能拥有年代学和地理学方面的价值，这些在今天看来是很宝贵的，但曾经却是一文不值。在目前看来具有微小价值的东西可能会变得很稀有，而在四个世纪后会变成无价之宝，就像现代人审视哥伦布的原版印刷体书信一样。对于一个作家而言，在其他人看来毫无价值的牛皮纸，对他来说其价值可能无可限量。有一些书籍已经沉睡了数百年的时间，突然之间从昏睡状态苏醒过来，成为大家眼前的活物；它们被挑剔的评论家碰上，可能会被视为来自于坟墓，但也有可能由于一些未预料的事件而激发了公众的兴趣。就像曾经发生的“党派领袖”事件，在内战爆发初始得以重见天日。技术性专著，专门为美洲淘金者这类追求财富梦想的人写的书，某位作家的首版成名作，哲学博士的学位论文，在合适的地方就拥有其价值；在不合适的地方，这些书可能看上去就像已经完成脱粒的麦子，剩下一些毫无价值的东西。对于图书馆来说，拒绝任何图书都是不正确的，因为我们无法判断这些图书何时会变得有价值。那么，藏书越多越好吗？什么时候才能让书架“摆脱不必要的累赘”呢？我们还需要不间断地按需分类、适当消减、简便存储，频繁地重新安置。那些很少得到光顾的图书需要从读者经常出现的地方移开，如果可以的话尽量安置在半英里之外；而那些最珍贵的图书必须放置在前面。不断地进行重新调整，对于图书馆保持健康活力的运行状态至关重要。这当然比较麻烦、费钱并且很困难。但是所有类型的图书馆中，公共图书馆的管理更繁杂、琐碎，成本也更高。就像在花园里，每一个季节都要对花坛进行除草，绿草在草地里受欢迎，可在花园里却会被唾弃；绿草就是处于不当位置的鲜花，绿草可能破坏成片的草莓。所以要让每个图书馆看上去像种植园，进行合理的划分：这里种植水果、那里种植鲜花，这里种植蔬菜、那里种植绿树；当然，这里还可以种植蘑菇，但是要留意警示牌“我的夏天在花园中”，注意有很多“马齿苋”。一座图书馆的宝贵之处，不仅要看所藏图书的数量，还要看对顾客需求的适应程度。阿斯特图书馆的第一个图书管理员、博学的科格斯韦尔博士曾说过：“我愿意告诉你阿斯特图书馆的重量有多少吨，就如同馆藏了多少册图书在内一样。”相比盲目累积数量，对2万册图书进行很好的挑选和分类整理的价值高了不止十倍。在印刷所中，排版工人直接将图书馆的原则应用于印刷工作中。就像字母e和a，必须位于手指的两端；还有一些是很少需要的印刷模具，就像补字符号或者其他一些不常见的标点符号，就可能要放得稍微远一些。

当已经收集好图书并进行了简易的安排时，图书管理员的任务连一半都没完成。这些图书必须陈列出来，必须能引起来图书馆读书的读者的注意力，即使他们知道这些都不是他们想要的。书目编撰者应该熟知每一部伟大图书的内容、所涉及的研究范围等，这是他们的分内事。看看普雷斯科特（Prescott）、斯波克斯（Sparks）、帕尔弗雷（Palfrey），还有临近波士顿的许多其他作家的序言，看看他们对查尔斯·佛森（Charles Folsom）的致谢。如果不及时对图书进行分类管理，积的书越多，读者在图书馆的阅读体验就越差。所以现代的图书管理员就像古代的先知，揭示出隐含的东西，解释模糊的事物，不求名利而追求功绩。在阅读图书这件事上，高级学者实际上和初学者一样。每一个年轻人，每个零售店的员工，每个有抱负的机械师，每一个大学生，都要首先明确需要阅读什么书目，什么书不适合读。实际上，我们可以发现刚刚印刷出版的大写字母指南，就像亚当斯总统准备的历史文献手册，加德纳（Gardiner）和马林杰编制的英国历史指南，索南夏因（Sonnenschein）、萨金特（Sargent）、怀特洛（Whitelaw）、阿克兰（Acland）编制的其他类似的手册一样，这些指南最好的部分就像交情甚密的私人朋友一样，睿智、友好、富有同情心。我乐意向年轻人援引格兰特·达夫（Grant Duff）的评论：如果我们愿意阅读、看见以及了解世界上包含的最好事物所产生的影响，我们就需要学习最好的观点，避免被次要的观点所困扰。但对于一个特定读者来说，最好的书可能比对另一个读者来说是无用的。图书管理员应尽量满足这种差异的存在。管理员不会推荐《索德罗》（*Sordello*）给那些想要布朗宁简介的读者，不会推荐佩尔茨（Pertz）的《纪念碑》（*Monumenta*）给那些德国历史的初学者，不会将牛顿的《基本原理》（*Prineipia*）推荐给那些还在询问如何简单陈述引力定律的读者，不会将《牛津字典》（*Oxford Dictionary*）推荐给仅仅对以“F”开头单词感兴趣的读者；对于学习蒸汽机原理的人，图书管理员不会提及“世界上最大的图书”，因为其引文英国专利局的报告已经简洁地解释了蒸汽机的原理；如果旅行指南很容易获得，管理员不会将《罗洛在欧洲》（*Rollo in Europe*）推荐给未来的旅行者。我可能会说出一些图书管理员的名字，这些人聪明睿智、机智敏感，生来就是教师，热衷于在适当的时间将合适的书推荐给适合的人。新英格兰有两个小镇，那儿的公立图书馆不是特别大，也没有获得足够多的捐赠，但是却成为了所有社区的中心。这个图书馆为学校的教师和学生，传教士和编辑，医生和律师，发明家和教授，还有寻求休憩之所的疲倦者和病弱者提供了强大的精神力量，没有一个人空手而归。格林（Green）曾在1876年说过：“我喜欢与充满好奇和活力的年轻头脑进行不断地沟通联系，帮助他们实现自己的梦想，世界上没有几件事比这更令人愉悦。”此外，图书馆应该收集世界上每一本有价值的图书。图书管理员实际上是图书的保管者，有责任联合主管人收藏稀有或者贵重图书。贾斯汀·温瑟的一句名言值得放在潘尼兹的格言旁边，即“一本书发挥最大作用的时候，就是在它得到使用的时候”。

如今，当大学扩张变得越来越普遍时，我们有必要仔细考虑图书馆的影响和作用，从而进一步提高图书馆的效能。让我们来想一想，在特定的时期内，一个聪明的、博学的人在图书馆中提供服务，免于承担其他的职责，时刻准备着给所有咨询的人提供建议。他的主要业务就是研究那些经常光顾图书馆的人的需求，为他们提供最好的目录、索引和校勘；为他们提供培训，使他们养成习惯，并能轻易地发现自己在图书馆里想要的图书。他要具有亲切的性格，对无知的人保持耐心，能理解询问者的意思，因为询问者咨询时可能做不到客观完整地表达自己的需求；他的同情心应更加宽泛，理解力应更加全面，知识应更加综合；他将做很多事情，就如同报纸的主编、学校的校长以及教堂的牧师一样，这是我要强调的观点。这样的人应普遍存在于图书馆这类公共机构中，图书管理员是图书馆职员中不可或缺的成员，是好图书的引领员，是图书作者和阅读者之间的中介人。以上论述主要针对普通的、深受普通人欢迎的图书馆，而学术型图书馆就像学院和大学一样，本身接受了丰富的捐赠，主要对博学的人具有吸引力，其主馆员或管理者应当是具有渊博知识的人。如果说没有必要像梅佐凡提（Mezzofanti）一样能掌握很多种语言，那么他至少应当熟练掌握希腊语、拉丁语、法语和德语。他应当热爱科学，如同热爱文学一样。他应当拥有一双如鹰般的眼睛，观察人类活动的广阔视野，拥有先知般的本能，辨别人们对图书的需求。他应当像商人一样，寻找机会购买那些很少有机会进入市场进行销售的图书。他应该善于理财，他将成为对研究者最有帮助和最具提示意义的人。图书管理员的办公室应该和教授的办公室并设，如果他对本职领域开展研究性的工作，他很可能成为更好的行政管理者，因为他和其他研究者一样干着相同性质的事情；如果他成为一名教师，那么他将成为更好的研究者。博学应当是他心智的特征；行善应当成为他心灵的特征。我希望我们的图书馆要积极寻找这样的人才，让其担任图书馆负责人。一些人已经处在显眼的位置上了，他们的名字对于这片土地上所有的学者来说都是熟悉的，但是我们需要更多这类人才。图书管理员的专业化，应该得到清楚的认识和应有的重视。应当鼓励男性、女性都进入这个领域，他们也应该接受培训以履行职责，应当根据他们的服务质量对他们进行奖励、提升、给予荣誉。美国图书馆协会是一个很重要的机构，它给图书馆管理提出建议、提供支持并传播一些睿智的观点。

众所周知，图书馆的一项功能是储存我们民族过去的经验，这一点没有必要特别强调。如今最新的情报信息传播形式受到大家的欢迎，各种信息通过报纸从世界上每个地方传播出去，这产生了大量的费用，但是拥有这般技能且速度如此迅捷是上一辈人所无法想象的。那些伟大的图书馆提醒我们，智慧并不是从文艺复兴时期才开始，在印刷术发明之前的很长时间内，知识就已经通过其他形式得以记载并保留下来了。学校教育的兴起和发展，实际上引起了现代人对古迹研究的热爱，这在过去的几年里又重新兴盛起来；随着影像技术的发展进步，尤其是摄影和印刷技术的发展，已经能够让学者阅读到历史记录资料的精确复制品。这些记录资料长期被埋没和隐藏，如果能够早些时候重见天日的话，就能让人们多一种认识历史的途径和方法。最近发现的亚里士多德所著的《政治学》（*Politics*）的部分书稿让全世界的学者感到兴奋不已，就像在彩虹脚下发现了一桶黄金，那些书稿文本可以由伊萨卡的维勒（Wheeler）教授以及伦敦的凯尼恩（Kenyon）先生带来呈现在大家面前，因为大英博物馆给全世界提供了准确的复制版本，是按照赫利奥斯（Helios）的一贯风格来制作的。《十二使徒遗训》（*Teaching of the Twelve Apostles*）是后使徒时代的一部早期著作，现今保存在位于耶路撒冷的圣墓堂图书馆，通过真实拍照制作成的复制品保存在巴尔的摩。哈弗福德学院的一位教授参观了位于西奈山的圣凯瑟琳修道院，在蒂申多夫长时间滞留后，带走了叙利亚语《亚里斯泰迪斯》（*Syriac Aristides*）的手抄本，里面包含了对书写福音的一个明显暗示，这被哈纳克（Harnack）称为伟大的发现。[①]希腊作家著作的残片最近在纸莎草上被发现，引起了全世界学者的注意。杰布教授指出彼特拉克时代手抄本被发现时，也曾经受到过如此关注。这些事情并不仅仅是古籍发现这么简单：割裂来看，这些古籍可能都无足轻重；但从它们的关系来看，就显得非常有意义。本世纪，通过对这些象形文字的研究和解读，还原了埃及在古代历史中的地位；人们还发掘出了亚述和巴比伦文献，翻译了古代美索不达米亚的楔形文字，揭示了特洛伊城以及比特洛伊更古老的梯林斯城的位置，探索了腓尼基（迦南）和迦太基文明。如皮特里（Petrie）先生提到的那样，欧洲文明惠及亚洲大陆，可能得追溯到公元前2000年。

在我们的努力下，所有这些经验得以在伟大的图书馆中留存至今。只要人类的意识中存有好奇心——当好奇心消失时，人类和牲畜无异——那么，人类就还将继续探求自身的起源、习惯、法律、宗教等。因此，我们的图书馆对过去的经验进行收集、整理并将之公之于众，试图进一步为人们揭示文明之源提供帮助。我们不应纠结于考古学者的功劳大，还是图书馆员的功劳大，二者都是人类经验的解释者、人类记录的保存者。扉页、小册子、图书、照片、重写本、羊皮纸、刻在大理石或者青铜上的铭文、硬币、奖章、纸莎草、刻有楔形文字的圆柱，这些都是我们民族的日志、历史记载、纪念碑。图书馆建造者将它们收集在一起，语言学教授对其进行解释，历史教师将相关知识传授给我们：未

① 关于这个典故，详见杰布教授于1891年6月发表的演讲内容，当时杰布教授正担任促进希腊研究协会的主席。

来总比过去好，人类会避免重犯科学、政治以及宗教的错误，人类的下一代就站在他们祖先的肩膀上，会比逝去的人看得更远、表现得更明智。

但是，我们不应将图书馆看作纯粹的图书储藏室，它当然还是一个富有生命力的有机体，需要自我保护、生长和繁殖。对于图书馆而言，这是永远不变的主题，不是因为其特性及要素像万花筒里的景象五花八门，而是因为这些特性和要素构成了像蜂巢一样的相互联系的有机体。对图书进行不间断的重新调整是必需的，但这又会影响读者的正常使用，这构成了图书管理员工作的矛盾之处。每个图书管理员一定都会遇到类似的问题，新书的收藏需要更多的空间。当大英博物馆扩建出很多新的储存房间时，这个问题得到了很大程度的解决；当皮博迪学院进行扩建时，这个问题也得到了一定程度的解决。

一座庄严的图书馆就像一个庄严的机构，发挥价值的关键在于我们需要一位优秀的领航人。并非每个人都能通过吹横笛或敲鼓，就能演奏出和谐的乐谱；并非只要喜欢音乐，就能演奏出好作品；并非每个人都会制造乐器或者了解音管和踏板的神秘工作机理，就能拥有出色的音乐表现力。但是，当真正的大师坐在钢琴旁，我们就知道天籁之音即将萦绕于耳旁。

对人的启发，是图书馆的一项主要功能。当今这个快速获取知识的时代对最新出版物的需求愈发强烈，如果书籍不能很快编辑出版和发行，人们就会颇有微词，那么我们的图书馆也就会失去一种宝贵的品质，即及时给世人提供最新的知识。在每一个图书馆中，都应该设有休息区域。每个真正试图探索真知的人都应该可以自由穿梭于书架之间，可以凭借自己的意愿进行记录，可以挑选任何书籍，暂时停留或者待上一天都可以。然而，以前的图书馆可能只有贵族有这样的特权。当时，托马斯·卡莱尔（Thomas Carlyle）在大英博物馆里就不拥有这样自由的权利，他的朋友马克·帕蒂森（Mark Pattison）用卡索邦的故事安慰了他。许多博学的人都与卡索邦是朋友，其中就包括法国的亨利四世和英国的詹姆士一世，他们“凭借天生的特权和好奇心在巴黎皇家图书馆的宝藏中自由探索，而卡索邦却没有这样的权利，因此还多少表现出一些郁闷甚至是嫉妒的心情”。而戈斯林（Gosselin）则更让卡索邦受挫，据记载，戈斯林年长脑钝时都可以自由自在地随意享用这些宝藏。[1]

主馆员、图书管理员或者每一笔捐款的受托人，都应该拥有一种辨别力，以确保那些在道德和理解力上合乎要求的人自由进出图书馆，从而能享受这种特权。当然，公众通过较为容易的方式获得2万到3万册图书，就像环绕大英博物馆中央阅读室的墙壁一样重要。但我们离不开像卡索邦、卡莱尔、麦考利（Macauley）那样的人才，他们应当自由来往于“黑暗的密室”，因为无论他们走到哪儿都将带来甘甜。

在图书馆里安静地休息片刻，将成为学者沉浸于幻想的方式之一。我们的图书管理员也要准备好回答询问者的问题，随时为那些追求真知的学者提供咨询服务。休闲的阅读者和匆忙的访问者一样值得关注，但前者更可能产生出沉思和精确学识的结果。如果说洛厄尔是最后一位伟大的作家，在19世纪中叶给波士顿带来了荣誉，也许就值得追问他的文学成就和写作风格是否受益于这种温和的、平缓的阅读环境。在此之下，他和他的同辈，包括爱默生（Emerson）、朗费罗（Longfellow）、蒂克纳、霍桑

① 帕蒂森的《卡索邦》（*Casaubon*）。

(Hawthorne)、莫特利、普雷斯科特以及其他志同道合的朋友们，一起逐渐成长起来，对于我们这代人来说他们都是很有名的。这种休闲缓慢的甚至可以说是漫无目的的创作心境对于其他艺术成就的达成同样重要。洛厄尔先生认为没有明确人生目标的有闲阶级是痛苦之源而不是眷顾。我想引用关于远方钟声的两行诗来结束今天的演讲，“这种呼唤好像能延缓时间的流逝”，他在生命里享用闲暇，成就了不朽诗篇。

静思的乐趣

远离人群的安定，隐居于繁华市井。

第九章

哥伦比亚大学的教师学院

在教师学院落成仪式上的讲话

纽约是这片大陆上的一个典型例子，它给人以巨大的教训。其本身就好像是一所教师学院，其他城市可以从中学到能做什么以及不能做什么。纽约的市民在若干年里忍受糟糕的市政府的各种施政政策，然后在“十诫”戒律规制下积蓄已久的力量终于爆发，在一天之内推翻了它。其他城市可以吸取或者忽略这个教训，但是要去考察、衡量、判断曼哈顿岛上究竟发生了什么。中央公园已经开放，类似的公园也出现在波士顿和旧金山；致力于展现自然和艺术作品之美的博物馆已经建立，华盛顿和芝加哥也开展了类似的活动；哥伦比亚将高等教育机构合并成为一个教育联盟，巴尔的摩也渴望采取同样的行动。此时此地，新观点、新行动值得关注，虽算不上绝对的新颖和史无前例，但是却让我们对未来教育的可能性产生了遐想。其他城市的教育领导者处于惊奇和欣喜中，他们会记录、称赞以及仿效这里的所作所为。他们曾经给予彼此慷慨大方的支持，保持了对彼此发展前景乐观积极的态度。

考虑一下哲学为人类生活奠定的基础。泰纳（Taine）（在去世后出版的一篇文中）呼吁，要基于哲学的思考对建筑进行研究，这一想法由布特米（Boutmy）来付诸实施，他是总部位于巴黎的《自由报》（*École Libre*）的负责人。这位出色的评论家把万神庙视为一种别具风格的希腊神庙，认为它集中体现了地理、历史以及一个民族的智力特征。在其倡导下，人们决定将这一珍贵建筑物的各部分重新组装起来，将其安置在合适的位置。我们在废墟里研究这些建筑物，小心翼翼地进行重新修缮，我们都对大都会博物馆中的模型表示崇敬。布特米谈道：“我们按照希腊建筑风格，遵循那个时代和民族的心理特点，将这一典型的建筑放置在一般文明场景的中间。”

现今，我们也应当发扬这种精神，尝试这种做法，检视那些具有最典型的美国文化特征的建筑，可能不会是万神庙，也不会是巴黎圣母院，更不会是卢克索神庙。与欧洲相比，我们这里没有出现过卓越的戏剧或史诗，这个国家也没有出现过米开朗基罗（Michelangelo）、伦勃朗和提香（Titian）。数百年以来，我们的力量都花费在这块大陆的发展上。我们开疆拓土，建设了数千万民众的家园，建立了民主政体。当五世纪开始之时，美国人自发地把精力投入教育中——建立学校、学院、博物馆、图书馆、实验室、天文台、公园，以及对人们进行启蒙和指导的所有可行机构——看上去美国的文明类型将很可能在联邦、纽约或者其他一些城市中得以发展孕育。毫无疑问，许多独立的机构在国家的发展过程中产生着或多或少的联系，各个组成部分将构成融洽的整体。我们自己的“帕特农神庙”将成为一所大学，我们的典型成就是建立一个大众教育体系。这是世界范围内从未出现过的体系，基于普通的学校，以多样的、系统的受教育机会来促进每一个个体的发展。这构成了一座“雅典卫城”，既是一座圣地，又是一种装饰品、一座防御城。

哥伦比亚大学建立在纽约这座城市，最近增设了教师学院，其建设背景和历程，很值得我们去探究。

学院在没有足够捐赠的情况下开始运作，很快就建起了围墙，为学习者提供了庇护之所；朋友们都团结起来给予支持；建立了信誉度，增加了影响力。因此，通过8年的时间，我们看到了令人钦佩的组织结构。学院有50位教师、600余位学者在此服务和提供指导，体现了卓越的办学优势。为什么这所学院能够成功？因为教师学院承载了教育者最初的理想。这个理想是什么呢？如果我这种外行的观点是正确的话，这个逐渐成长的机构承载的教育理想简单而直接，即所有等级的教师必须接受培训；对他们的培训必须以现代的方法来实施；这些方法必须有助于培养他们的动手能力和观察能力，手工训练和眼睛观察相互结合、统一起来。这个学院就建立于此，墙壁上可能还刻有流传于古科林斯的话语，“眼不能轻易地对手说，你对我毫无用处”。

这种培训教师的方法是怎样通过手工训练和心智培养来开展的呢？不是靠瞬间的冲动，不是一次伟大馈赠的结果，不是靠主权国家颁布的法令，不是靠流行的风潮，不是得益于打破传统，而是依赖进化的原则。培训学院是私人个体与自愿行动联合的结果。一些人给予想法，一些人辛苦工作，一些人赠予钱财，一些人抱有同情，一些人给予咨询建议，这些人都胸怀忠诚而坚定的教育理想。妇女是学院最主要的支持者，最坚定的朋友。她们很快意识到，一般学校和学院存在的错误与不足。她们睿智地发现，我们的教育系统需要如何改进与完善。通常，我们这个国家会准备好财富，来充分满足、大力帮助那些目标明确、行动坚决、存在明显需求的人。

如果我的分析是正确的话，这一教师教育理念内含两个要素。第一要素在于，对每个等级的教师开展培训都是为了他们的职业使命，无论他们来自于幼儿园、私立学校、公立学校、工业学校还是艺术学校，无论是教学人员还是学校监管人员。我们国家长期以来都持续开设师范学校，最近还设立了教育学教授职位。但是，还没出现过类似于这里的教师培训学校。在其辐射的范围内，对美国的课程教学产生了积极的贡献。学校秉持时代精神，要求对具体的追求进行特殊的准备。现代文明是如此的多样和错综复杂，学校促进了才智的提升和物质的增加。这需要专业化，尤其是在普通文化基础上的专业化，在每个地方都是很必要的。在这个学校，主要目的不是培养建筑师、工程师、机械师、化学家或者研究者，而是培养教师，教师将成为求学者一生的事业，他们将承担起唤醒、发展、激励和启发年轻人心智的职责。第二个要素在于，对未来的教师进行手工训练，这也是现代生活所必要的。我们看到，化学学科引入了实验室，基于实验的、动手操作的训练方法也几乎出现在每个知识领域，甚至是语言学和历史学领域。这些方法不仅对全世界的学院和大学的教学产生了革命性的影响，还加快了技术学校、贸易学校、工业学校、手工劳动学校甚至幼儿园的发展进程，这些教育机构在目标与教学计划上变得更加多样，但都受到一条法则的支配，即“眼不能轻易地对手说，你对我毫无用处”。

往前追溯，在最初的若干世纪里并非如此。例如本笃会僧侣的苦修，在中世纪修道院安静的隔间里，他们可能以手抄本的形式来保存与传播那些神圣和经典的书籍；再如修道院回廊里学者们的辛勤劳作，从阿伯拉到伊拉斯谟，从伊拉斯谟到蒲塞，都只是对书面文本进行阐释。随着印刷术的发展，从浮士德（Faust）和古腾堡（Gutenberg）到托马斯·卡莱尔（Thomas Carlyle），都大胆地宣称（起码是经常引用的词汇）“如今真正的大学是书籍的集合体”。通过这些，人们获得智力的发展和深谋远虑的能力。但是，长此以往，人们的动手能力、实操能力、观察力、想象力衰退了——是的，甚至出现了衰老和死亡的危险。以下案例值得我们深思。一个著名的解剖学家，其日常的职责就是对受过教育的有抱负的医生（每个人都是大学毕业生）进行培训，教授人类有关身体的知识。他在几天前告诉我，最困难的任务是让这些不同类型的成员看到、感受到三维空间。这些医学专业学生必须学习每一个人体器官的局部解剖，但他们通常习惯于阅读印刷书页，里面都是平面的图解和插图，因此他们缺乏对人体器官实体的感知度，也不能理解人体结构，唯有打破坏习惯，才能恢复他们的想象力和形象塑造能力。不过，这些学生都是经过严格挑选的，他们热爱医学研究，天生有才能，也对所学感兴趣。通过几个月对画法几何的学习，然后在木工台进行简单的操作实践，他们就会修正缺点。

让我再给大家列举另外一个例子。在我们国家，有将近700万的黑人，包括他们得到解放的孩子。基督教慈善组织和一些政治家联合起来，一起为这些人提供指导，期待他们通过自己的劳动得以生存。那么现在，国家是如何推行下一步的工作的呢？相关机构开设了高中和大学，提供了希腊语和拉丁语的课程，开设神学、哲学以及高等数学专业。当然，并非每个地方都是如此。在汉普顿、塔斯基吉和一些其他的地方，政府就开设了一些典型的工业学校。但是一般而言，当在斯莱特基金或其他机构的影响之下，给予体力劳动者以指导的这种努力多半会失败，这种努力得不到应有的尊重。这是为什么呢？因为，目前还没有公认的进行手艺教育的适当方法；也找不到合格的师资。所以近些年来，那些对黑人教育感兴趣的人一直在黑暗中摸索。而对这所教师培训学院来说，目前正在寻找方法、计划、工具，最重要的是教师，为解决国家的这个重要问题提供服务。

这种指导需求，绝不只局限于黑人。从目前来看，几乎在每个大城市中，所采用的类似举措或多或少是有效的，对文学知识进行补充，或者在普通学校辅以劳动指导手册开展培训。海耶斯（Hayes）校长在生命的最后几年，有效地促进了此类学校的建立。在他的家乡托莱多附近，已经建立了一所类似的学校，可以作为很好的范例加以推广。我清楚地记得这位杰出的人物对此有着浓厚的兴趣，在后来的岁月里，他一直致力于教育与慈善事业。他拜访过莱斯大学的教师学院，奥克缪蒂（Auchmuty）上校的贸易学校，纽约城市学院，还有至少一所公立学校，这些学校都提供手工教育；他在西部和南部很多城市的讲话中，都反复地提及了他从中获得的经验。

这所教师学院，基于人性化的教学监督、必要的智力训练、激发学习兴趣的教学方法和宽松的教学环境，已经培养了大量的人员成为教师。同时，这些人都要接受手工培训，合格的话他们还能获得正式的证书。因而我们看到了这所学校产生的影响，在我们国家最遥远的地方都能感受到：南部一个州的一所孤儿院需要一位手工艺娴熟的教师，最终在这个学校找到合适的人才；接受数百万美元捐赠所建立起来的一所伟大的教育机构，在手工培训的教学指导上需要这里的毕业生；一所培训学校附属医院的护士需要接受烹饪技艺的指导，也能在这所学校寻找到指导者；一位澳大利亚教育者为了发现哪种模式适合于本国，访问了欧洲和美国的众多学校，在其报告中挑选出这所学院的经验作为典范借鉴。所有这些让我们看到，这种教育行动下存在着一种哲学理念。

让我们来做一下总结。世界已经认识到手工训练的教育价值：在很多领域而非单个领域、在三维空间而非二维空间进行精确的测量；在精密工具的帮助下进行缜密的观察，进行细致的描绘、比较、证明。目前，心智的训练以传授知识、发展智力为特征，而非让年轻人为实际生活做好准备。当这种精确的习惯得以养成，并且应用于日常的职责中时，那么在千禧年即将来临之际，我们将摆脱乌托邦式的幻想世界，真正美好的世界将通过这种合理的教育方式得以建立。

当然最后要强调的是，我们要创造完美世界的话，不能顾此失彼，不能因此而一味反对或者不重视字词的研究和书籍的使用，它们从来不会失去自身的力量。诗歌、历史、传记、戏剧、散文、游记、哲学，还有宗教书籍，将会永远吸引、愉悦以及教导人的心智。当“铁锹被召唤来援助笔头”时，古代文明的文学和艺术从来没有像现在这样有趣。埃及和美索不达米亚已经放弃了自己埋藏的宝藏，奥林匹亚和德尔菲神庙比普萨尼亚斯（Pausanias）宣称的还要知名。是的，实际上无论我们将转向何方，在今天这个不再有战争的和平年代，我们更加看重手工训练和心智训练的结合。“眼不能轻易地对手说，你对我毫无用处。”

第十章

华盛顿与李大学

在威廉·威尔森（William Wilson）校长就职典礼上的讲话

弗吉尼亚州，莱克星顿

我从马里兰州给弗吉尼亚州带来了亲切的问候；给华盛顿与李大学，带来了来自波多马克河对岸的新创和旧有机构、少年和长者的祝贺和良好祝愿。和你在一起，我们感到很高兴。在创建新世纪的历程中，你广纳百家，将很多声名显赫的名字和你联系在一起，他们值得我们这一代人的赞誉和颂扬：一位学者创办了论坛，从研究中获得了知识；一位政治家回归到学术生活中，他在公共生活里获得了经验与智慧；一位学者兼政治家，其不寻常的能力已经显现出来，他从未停顿，不拉帮结派，不在乎自身利益，没有自私的期待；在这些原则之上，对他来说，最高的利益就是他的国民。

在最关键的时候，一位新的指挥官承担起职责，成为诸多学者的领导者，出现在受过教育的人们的视线里，在招聘的新成员面前努力奋斗。对于一个退伍老兵来说，很自然地回忆起训练扎营的术语，口令、格言、叫喊、警告，其他人的努力和成功激发并强化着自己。

我经常重复什么是大学，因为这一概念充满暗示性，显得庄重严肃——在很多世纪之前，大学就已经有了明确的定义。它是个伟大的有机体，其影响力从巴黎延伸到牛津、再到圣安德鲁斯，从那时起还延伸到我们的哈佛、威廉玛丽以及耶鲁，这个伟大的机构以阿伯拉的雄辩术和格尔森（Gerson）的学习而闻名于世，被称为大师和学者们的社会。这就定义出一所真正的大学，教师和学科的集合体。教师、指导者、学术权威，都必须有归属的位置；对进步的褒奖，天才学生以及变革权力，都在这里获得尊重；不论是学习者、门徒、接受者还是学者，都不一定有丰富的成果，但必须是忠诚的、热爱学习的和追求进步的。教师和学者不能将彼此视作监工和奴仆、狱卒和俘虏、鞭子和苦工，而应作为伙伴，教学相长、合作共赢，果敢地献身于知识，自由地享受人类的文化遗产，推动知识的进步。

当柏拉图在位于比雷埃夫斯的年岁已高的色法鲁斯（Cephalus）的家里引入他关于共和的对话时，苏格拉底是一位教授，格劳孔（Glaucon）、波勒马克斯（Polemmarchus）和其他人组成了班级，这些人曾经一直参加一个宗教节日。苏格拉底建议成立一个小型的、真实的大学，没有图书馆和实验室，但拥有一位大师，他所用的词汇在随后的时代仍然闪耀光辉。这所大学可能还在追溯着西塞罗、圣奥古斯丁（St. Augustine）以及托马斯·莫尔（Thomas More）的灵感。这就是最初形式的大学，与我们这所大学何其相似！在这儿你也还能发现关于教育的早期著作，包括弥尔顿、洛克（Locke）、卢梭（Rousseau）、让·保罗（Jean Paul）、歌德（Goethe）的作品。乔伊特（Jowett）是现代的柏拉图主义者，有苏格拉底式的偏见（从他身上我们能隐约感受到），他本人一贯宣称这样一种理念，即所有的学院人都是有意识的——“大学的巨大吸引力让这些人对于身后事有如此的坚持力，他们形成了一个社群，在里面进行思想的碰撞以及他们对于知识的热情交流，将学习上的努力统一起来”。

真正的大学不依赖于“与世隔绝的过道”或者一所漂亮的“校园”，不依赖于精密的仪器，不依赖于考试和学位，而是建立在研讨争论之上，面对面的思想与思想之间的碰撞交流。就像布丰提到的一句古老的法国谚语，雄辩术是身体与身体的对话；但是更为真实的在于教育是一个人对另一个人所施加的行动。书籍和期刊是不可或缺的；实验室、博物馆和天文台是强有力的辅助设施；一致性也并不是没有效用；演讲的价值不能被质疑。我们当然不是那些最近听到布鲁纳第尔（Brunetiere）声音的人，而是基佐、维尔曼（Villemain）以及库辛（Cousin）传统的继承人。然而，大学产生持久的、有效的、成功的影响依赖于训练，这些可以在学生与教师进行日常的、熟悉的、口头的交流中获得。眼神、语调、停顿、强调、手势、苏格拉底式对话、机智的鼓励，相比那些死板的印刷产品而言（比如图书馆提供的字典和教科书、大写字母和斜体字，摘要和索引等等）更富有教育指导意义。学习不能仅依靠望远镜，也不能仅依靠显微镜，而要通过眼睛的观察和动手训练，并从中获得经验。文本、手册、编码、神圣的书籍自身，在翻译者的个体理解和影响下，本身就具有个性化的色彩，不宜死记硬背。

在法国东部的一所小型乡村学院中，巴斯德的人生由此开始。这是一所位于梅斯的小型地方学院，托克维尔（Tocqueville）在对美国民主制度进行研究之前，在此接受了古典学科教育。学院一直往东的方向，那里产生了在美国文学界最受欢迎的诗人，还有英语散文界最伟大的大师。在这所身处伯克希尔山的小型地方学院里，培养了一位美国最重要的语言学家。这所在那时还是一所未发展起来的小型学院，却贡献了我们联邦国家的奠基人——华盛顿、亚当斯、杰弗逊、汉密尔顿、麦迪逊以及马歇尔。约翰·C.卡尔霍恩（John C. Calhoun）以及律师行业的领导者，于本世纪初叶，在位于康涅狄格州一座小山顶上的地方法学院接受训练，这就是达特茅斯学院。丹尼尔·韦伯斯特（Daniel Webster）在华盛顿最高法院之前，说了一段为人熟知的、荡气回肠的话："各位先生，这就是我所要说的，一所小型学院，但是这里所有的人都热爱它。"

我们得承认，大学的伟大并不在于其面积之广、建筑之大、书籍之多、学生之众或者棒球奖杯之琳琅满目，而是依赖于一些伟大的人物。也许这些人物对外部世界来说没有那么出名，但在其领域内都是公认的、作出杰出贡献的人物。我们可以很好地进行探究，为什么学者行会应该接受慷慨的资助，为什么教堂应该收集如此丰厚的财富。联邦的税收用于促进民众学习的普及，穷苦民众否认他们用慰藉来教导他们的下一代，慷慨的施主也将他们的财产捐赠给学校、学院和大学。通常谈及这些问题时，不得不提及主教和君主作为文艺复兴的领导者，树立了典范，还有就是约翰·贝利奥尔（John Baliol）、威廉·威克姆（William Wykeham）以及沃尔西红衣大主教（Cardinal Wolsey）做了一次最大规模的慈善行动，至今还让牛津大学从中受益。通常这些问题在被讨论时，每一个教育机构、每一位校长，都应能够给出充足的理由，阐明其教育理念和办学目标以及实现的手段，财富应当助推知识的进步、发展我们的高等教育。

答案是显而易见的。现代文明的进步得归功于这个时代大量重要经验的积累，无数的科学发现得到了充分的应用，这进一步导致了多样化的社会、法律以及国际性事务，导致了人们多样化的迫切要求，导致了无数的科技成就具有快速普及并得以应用的可能性。这就要求特别有才干的人作为说明者和解释者、发现者和研究者，实施开展卓有成效的教育。他必须拥有强有力的助手，而且还必须拥有多用途的、昂贵的、多样的、可以不断更新的仪器设备。一个名为大卫的牧羊男孩用他的投石器，就能杀死敌人歌利亚（Goliath）并征服一支军队的时代已经永远逝去了。[①]就像雅典大学定格在色法鲁斯的住宅里或者阿卡德摩斯(Academus)的树丛里，不再繁荣发展。

因此，我们需要得到公众提供的慷慨支持。让我们在这个公共的节日里，重复我们的信条：第一，我们坚守爱的信条——人文学科，我们学术词汇的人文性，历史学、哲学、诗歌，是我们的民族从祖辈那儿继承下来的；第二，我们相信科学，并且将科学与人文不可分割地统一起来，促进每一类知识的进步与传播；第三，我们期望简化宗教信仰，还有基督教义至高无上的权力，凌驾于教派与宗派之上；第四，我们致力于研究国家的功能和社会繁荣的条件，将世界的经验与智慧置于政治与社会问题之上，引起对每一个爱国者的关怀。

这些是我们提出的四大口号——“信条”“科学”“教义”和“政治”。

之所以将政治放到最后的位置，主要是因为我希望详细论述一所大学对于联邦的义务。

由于历史机缘、经验教训以及立法尝试，民主制度在美国已经建立了有一百多年的历史，欧洲的每个国家从我们的成功以及错误的教训中获得了鼓励。我们的案例，不管更好或者更差，都在这些国家之前。相比本世纪初期的时候，我们现在更频繁地听到对共和制度的不满和不快之声。缺乏对国内外事务管理的批评加以研究，政府功能的错误定位已经显现，对金钱本质的异端崇拜变得更加流行，沙文主义在他们的叫喊中变得更加洪亮与普遍，市政府也处于瘫痪的边缘。更有甚者，目前实施的法律是否是对人真善美的真实表达都受到质疑。一般而言，政府拥有丰富

① 《圣经》中的典故，大卫用投石器打昏了巨人歌利亚并杀死了他，挽救了以色列。

的资源，在行政管理的细节上有不可置疑的诚信度，需要适当的立法，最近的状况却让人感觉政府即将陷入破产的边缘。庆幸的是不满的情绪已经得到控制，无政府状态已经隐退至藩篱之后。所有这些都是最近出现的状况。

在这些令人焦虑的日子里，这里有一盏明灯。那就是这个国家有一批受过教育的年轻人，充满活力、具有诚实品质以及智慧，积极投身于政治中。我清楚地记得，在1896年的伟大战役中，一位重要的演讲者对当时的形势有着不同的观点，但是他并不代表那些在发言中所提及的人们的利益。民众愈发希望寻求无畏的、独立的、无党派的领导者，还有那些受过教育的人。因为他们熟知其他国家的施政经验，从事政治科学研究，依据公共财政的真实货币原则对纷繁复杂的局面进行推论。在哪里能找到这类人呢？只能在学院或者大学里，因为那里持续促进公共福利的实现。

学院和大学就像是海岸上的灯塔和救生站。它们应用过去的知识以解决当前的混乱与困惑，减轻身处危难中的人们的疾苦，提出解决问题的途径和方法，使人们增长知识和智慧。灯塔的维护者并不负责驱散笼罩在海岸上的迷雾和怒吼的暴风雨，也不为船只提供航海图、罗盘、路线或货物，但却是避免暗礁与岩石的提醒者和指示者。暴风雨越猛烈的地方，灯塔的作用就越为重要，通过它的光线指引海员们将船只驶入安全平静的港口。

在我结束演讲之前，让我来祝福这所大学。这所学校的校名具有纪念意义，并带有高尚的个人理想特征。华盛顿和李两者都成为他们居住地政府的反对者，一个接受了王冠，而另一个成为了联盟的护卫者，都受到了崇高的赞美。口头诽谤的声音从来没有侮辱他们的名声，他们的目的非常纯正，他们的内心非常刚毅，他们的名字将永远不会被忘记。传颂的故事讲述着他们卓越的雄才伟略、他们在逆境中的耐心以及他们在战场上表现出的勇气。如巴尔的摩的一位公民查尔斯·马歇尔（Charles Marshall）所说，李将军的参谋长在面对北方联盟军官的坟墓时，见证了格兰特（Grant）将军的伟大，这些对每一个学生来说都是很熟悉的。我相信那天最终会来临，一个北方的演讲者在南方听众面前，以同等的重要性来歌颂坐在“危险位置”的、联盟中的重要人物加拉哈德（Galahad）的美德。

一代又一代人从李和杰克逊的家乡——莱克星顿向前进，投入为共和国奉献的战斗中。战斗要求有更多的勇气，就像他们和火与剑相互搏斗；为法制、诚实以及更好的政府而战斗，提升了他们的个人品质，值得我们缅怀和铭记，就如同他们是我们伟大先贤华盛顿与李的后代一样。

柏拉图的戒律通过不断的反复，让大家熟悉，即“让那些拥有灯的人将其传递给其他人”。20多年以来，校长先生用手中的灯照亮了巴尔的摩。埃利奥特校长在1876年所做的演讲词，我在这里引用并重述，也该轮到你将其复述给其他人了：

这是一项珍贵的特权，在日常工作中，需要由拥有优雅和荣誉的男性付诸执行；这是一个令人高兴和富有生气的场景，不断地看到年轻人逐年加入人生的战斗中，他们充满了希望和勇气；通过传授文化的方式，为社会与国家服务是一件很荣幸的事情；但最重要的是，你不应计较个人在职位升迁和物质财富方面的得失，在毫无保留和无限制地将自己的人生奉献给高尚的公共事业的过程中，你会体会到人生的幸福！

第十一章 美国的高等教育

在高等教育国际大会上的主席致辞
（与哥伦布纪念博览会共同举办）

芝加哥，1893年

很容易想到，一位充满智慧的外国人，当被问及他对美国高等教育的印象时，他将会对公众进行回应，表现出对美国大学与学院的诸多兴趣，并认为与英国、法国或者德国相比，美国的大学是无与伦比的。这样的外国人有很多，比如冯·霍尔斯特（Von Holst）教授，目前是我们的同事之一；布莱斯教授，是自托克维尔以来［即使包括弗朗西斯·利伯（Francis Lieber）］，美国社会最富哲理的观察家；或者勒瓦瑟（Levasseur）教授，法兰西学院颇有成就的成员，目前正在访问我们的国家。如果他们被问及一些细节，我们可能发现他们的印象不来源于公共期刊，不来源于学习讲堂里日益增加的人群，也不来源于经常举行的学术会议，而来源于用民众税收支持开展的学习研讨会，还有私人个体的慷慨赠予以及各种基金捐赠。但是这些友好的观察家，如果感受到可以不受限制地坦率表述，那么他们会毫无疑问地补充道，美国人的高等教育的观念还是处于落后的状态，无论是学科领域、学习方法、办学目的、学位授予还是命名的多元化上都有待改进。在美国，每一个单独的州都有自身的管理机构，联邦政府没有任何权力来指挥、监督或者检查美国的大学，甚至都没有统一的舆论来要求建立大行政区的“国立大学”。比如在密歇根和纽约，如果这样的机构建立以后，那么大行政区内的大学可能相互支持而蓬勃发展起来。学术头衔没有任何意义，任何人都能称呼自己为“教授”而不会受到任何责罚。“大学”这个词语经常被应用到不具备大学特质的一些机构之上，例如一些招收被解放黑人的学校（而这些学校是在内战结束后的十年之内才建立起来的）。实际上，如果聪明的外国人想弄明白我们大学的理念，他会时常感到摸不到头脑。当他告诉沃克博士“大学不应是教授有用的知识的地方”时，他会疑惑洛厄尔是否在开玩笑；他也不会理解加菲尔德（Garfield）所说的那句话“对于美国的大学教育而言，马克·霍普金斯（Mark Hopkins）的教育理念跟学生毫无关系，二者分处两端”。

大概50年前，最富才华、最具影响力之一的一名男士在这个国家计划建造一所大学，这所大学可能以他的名字来命名。说出他的几位副手的名字之后，拉尔夫·瓦尔多·爱默生（Ralph Waldo Emerson）对一名记者说道：“难道你没有看到从中任意挑选出一两位，我都能够组建一个强大的教师团队，而且领先于世界。没有颁发许可证，没有学位证书，没有法人，或者没有理事，重要吗？难道你没有看到如果这件事情被很好地、快乐地完成，哪怕只有二十到三十个学生，我们就能预见通过几年的努力而实现新英格兰的教育。”从欧洲人的视角来看，所有这些都是非正常的、非传统的以及不符合章程的。对于这些人来说几乎是不能理解的，他们只熟悉他们自身做事的方式。他们了解在英国为确保维多利亚大学的许可证所遇到的困难，或者在伦敦建立教学型大学所遭遇的困境；在法国，“大学”这个术语所面临的是约束和限制；德国大学所面对的是有序政府和附属机构。毫无疑问（这位友好的观察者可能提醒我们），我们这个国家存在着大量无用支出，大量重复建设，大量对抗行为，大量错误，这些本应可以避免。

伴随着这样的批判出现，这个国家的高等教育领导者也发出了赞同的声音。在反驳中，他们可能要求这些来自其他大陆的睿智观察者记住，在他们看来这种混乱是多元，几乎就是我们地方政府自治所带来的不可避免的结果。同时强调，如果我们的大学都能具有足够的自制性，那么他们就能避免任何形式的知识专制。不同的机构实际上可能由立法机构颁布的法令或者宗教教派的规章来分别进行治理，但总体而言，这个国家的高等教育绝对摆脱了政治以及教会的控制，在大学机构之外的任何试图管理大学的力量都必然会受到阻挠。许多年前，康奈尔大学的怀特校长在一个演讲中，极力主张应当关注一些具有很强实力的大学，而不是新建一些价值不大的项目，这个讲话应当会得到支持。

尽管如此，美国学者在回顾本国高等教育机构的发展历史上，也颇感自豪。这些建立于殖民地时期的大学，没有一所中途停办或消失。在最古老的大学中，将近三分之二获得了巨大的进步，处于领先位置，不仅年代久远，而且资源、综合实力都得到了认可。在大学的持续发展过程中，他们将自身的方法适应于时代的需求。这些都是鼓舞人心的。他们鼓励那些正在建立的新机构——所处之地在过去的半个世纪内刚从荒僻之处走向现代文明，也许创办人需要很长时间才认识到高等教育的价值。如果任何国外观察家和任何国内批评者倾向于指出美国大学的局限性，那么请让他记住一位英国导师对青年教师以及对立的同事所说的话："我们都不是完美的，没有十全十美的研究员。"这并不是对新机构的贬低——相反，这对他们来说应该是激励——呼吁诚实的财务管理，忠诚奉献的教授，日渐自由的观点表达，对公共事务经久不衰的兴趣，就像哈佛和耶鲁在最初所显现出来的那样。即使是一个外国人的表面的观察，也能轻易地发现自愿原则带来的令人欣喜的结果——这是多好的一份厚礼，获得了多大一笔收入，汇集了一批卓越的图书馆，提供了很好的天文台、实验室以及博物馆，通过教师与研究生对文学和科学的探索作出了很多贡献，培养了大批优秀的公民为教堂和州服务，维护了宗教教义，凝聚了爱国主义精神，在这片大陆上传播了知识。

在对有关美国大学状况的细节继续进行更多探讨之前，还要考虑大学所具备的合法功能；考虑到资金来源的多样性和行政管理的差异性，我们一致地认识到我们的大学具有四种主要功能。

大学的第一个功能是对年轻人的教育，他们已经通过以前的学科学习，掌握了一些知识脉络，为找到工作做好了准备。不管大学承担的其他功能如何，大学是为精心挑选的人才提供最好文化教育的地方，被认为是很少有机会能够进入的地方，鲜活个体受到激励的地方。这是一个社会，为智慧应用提供全面的准备，学生不应只学习一些平常的东西。从长远来看，在大学里接受培养的人，实际上都是具有卓越才能的人。

大学教育和学院教育有着明显的区别，意味着学生已经形成了注意、记忆、辨别、分类和判断的习惯。成熟的心态是追寻自由的必备条件，暗含在先前的工作中。在我们国家，这种训练通常在学院教育中获得；但是目前许多地方的高中、专科学校以及私立学院已经很普及，实际上已经取代了本世纪初所举办的学院教育；对于学院来说，延长入学后的学期时间，已经实行了很多年，本来这些时间可以延伸至大学教育。因此，针对中等学校、学院以及大学之间的学制还没有形成统一的观点。今后，一旦这种统一得以形成，那将是一个非常好的开始。

大学的第二个功能是对知识的传承。它通过将所有的人类经验记录收集起来，并让学者参与到阐释的工作中才得以完成。大学实际上应当成为学习共同体。在校园内，大学应当为那些将生命投身于古迹研究的人提供舒适的环境，他们的快乐就在于追寻语言、法律、宗教、习俗的起源，这些都是我们从远古的祖先那里继承下来的。大学应当为那些能够收集、安置、描述以及解释所有自然物体的人提供空间，把自然物体汇集起来，保存于博物馆。美术也应该拥有其追随者，世界范围内产生的佼佼者分布在建筑、雕刻以及绘画艺术领域，他们应当为那些易受影响的年轻人提供指导。图书馆和博物馆是大学的良好栖居所。

大学的第三个功能是延展人类知识的边界。姑且称其为研究，称其为调查，称其为科学探究，称其为寻找真理，人们去探寻生活世界的奥秘，去发现新的事实，测量未知的现象，推断原理和法则。这些科学知识最初以著述形式存在，除了借助工具，肉眼无法观察到。目前，有许多可以自由支配使用、精确测量与近距离观察的仪器，这是前人所不能想象到的。多样的设备已经被发明，我们的观测效率得以有效提升。这些测量仪器被应用于测量海洋深度、恒星距离、光的速度、电流和磁流强度、神经系统的反应速度等，以前比较模糊的事实现在变得更清晰，利于人们更准确地理解。对于观察、测量以及实验所获得的进步，大学功不可没。

大学的第四个功能是广泛传播知识。学术性思考以及获得的结果不能被作为技术秘密珍藏；它们不是深奥的秘密，仅有开展研究的那几个人才能知晓；它们不能以密码的形式来进行记录，或者保存在私密的笔记本里。它们应该公之于众，传授给同事与学生，通过讲座的形式进行交流。尤其应公开出版，经受来自全世界的人们友好的或者不友好的评论。出版物不应该仅仅以学术著作的形式来呈现，至少在我们国家，大学的教师应通过教科书、学术讲座、杂志、报纸，将所拥有的知识传播开来。一位健在的伟大的博物学家曾说过，他是被一项自然科学研究所吸引，而这个研究由西利曼在一场讲座中提及过；最受人尊敬的大学校长之一也承认，弗朗西斯·威兰德（Francis Wayland）所作的一次演讲激起了他投身于公共服务的热情，国会将很多事情归功于这位富有哲理的教育家。人们渴望大学将知识广泛传播，这一点毋庸置疑。

为了理解美国大学的组织结构，必须向国外观察家提醒其来源。殖民地居民期望建立简单的“学院”，与牛津和剑桥大学紧密联系，哈佛、耶鲁、哥伦比亚和宾夕法尼亚大学都属于这种类型。在本世纪的初期就已深深根植于美国，后来又聘请专业的教职员工过来。最开始的时候，这些机构或多或少都拥有宗教的基础，宗教性成为显著的特征。

自从独立战争之后，州立大学开始建立起来，尤其在南部的州（弗吉尼亚大学诞生了让人铭记的杰弗逊，他熟知美洲殖民地，对英国祖先不屑一顾），以及随后在西部的州，都将大量公共土地留出来支持公立大学的创办。第三类大学机构，其存在主要得益于一些伟大的捐赠者，比如康奈尔、约翰斯·霍普金斯、利兰·斯坦福（Leland Stanford），还有洛克菲勒（Rockefeller），这些人都提供了大量捐赠，或多或少明确地表明了一些愿望和附加条件。

而最近宗教大学又有兴起的趋势。位于华盛顿的天主教大学和卫理公会大学，位于西沃恩的南方教会大学，圣公会的大学董事会成为宗教热情的新象征。

自从内战开始，大学机构转而致力于纯粹的科学理论研究和应用型技术研究，这种实用主义的办学理念逐渐盛行起来，《莫里尔法案》及其补充条款对此具有重大的推动作用。有时这些新的基础已经和大学融合在一起，就像谢菲尔德科学学院成为耶鲁大学的一部分，有时也发展成为独立的机构，比如麻省理工学院和位于霍博肯的斯蒂文斯学院。

尽管这些机构的来源多样化，但这五类机构的实际运作是非常相似的。当然这些机构的运作管理或多或少有差异，一些机构拥有一位教职工，而另一些拥有若干位职工；一些机构的收入只有10万或20万美元，和那些年支出100万美元的机构相比肯定有很大的不同；拥有两个世纪左右的传统以及经验的古老大学，具有与今天的特许机构不同的基础。尽管如此，其中的共同点是显而易见的，我们的教育机构具有明显的美国特征。没有一个机构能够或者将成为德国的、英格兰的、苏格兰的、爱尔兰的大学。从其他大陆来的建议、观点受到欢迎，但最终它们需要结合美国实际获得优化，它们是美国的法律、传统和美国人民所期望的产物。它们就像加利福尼亚的葡萄一样，有着同样古老的名字，但是酿出的葡萄酒却带有自己独特的地域风味和芬芳。虽然口味与产自欧洲的葡萄酒会有些不同，但喝起来同样能增进健康，令人精神愉悦。

在所有这些机构中，通识教育的理念得以保存。最好的技术学院在语言方面都提供了慷慨的教学指导，大部分的教学集中在理论科学以及实际应用方面。大学培训的传统理念先于专业的课程教育，也为工作做了充足的准备，让学生能够把握住自身；当然，我们还有很多问题有待解决，比如学生入学和毕业的适当期限，比如在研究的选择上是否允许研究者拥有调整的自由等。但是很明显的是，人们对大学的热爱在日益增长。

关于这个国家的大学教育，还有很多未解决的问题，我们可能借此引出我们的关注点。在我所提及的问题中，首先是在城市建立大学。关于这个主题的观点，实际上可以进行分类：有的人提倡让政府提供资金建立国立大学，由这样的董事会实施的行政管理，可以通过政府来建立。为了支持这个原则，我可以引用从华盛顿时代到当代的著名权威的观点。这种观点遭到了那些害怕被国会征召入伍服役的人的激烈反对。同时，天主教徒和卫理公会已经创立大学，获得了所需资金维持。其他一些宗教团体很可能会以这个为榜样，而且可能很快就在华盛顿建立起一系列机构，以满足主要的基督教派的教育需求。还有一些人宣称，汇集更多的支持力量后，只要有足够的经费，对哥伦比亚大学的特许能够成为国立大学的坚实基础。仍然还有一些人相信，通过私人捐赠的独立基金设立的大学，将会比任何形式的政府或教会捐赠建立的大学更为成功。如果这个观念能够被消除掉，也许会简化问题，位于华盛顿的一所大学当然必须成为对年轻人进行系统教育的地方。实际上这已经成为美国大学的常见功能，但不是必要的。如果华盛顿的大学能够如此规划，那么国家的所有科学资源都将用于学习；男人和女人，外国人和美国人，年轻人和老年人——将会被聚集起来，以一种广阔的、义务的国家资本形式，为他们提供公平的机会以及足够的帮助、培训和激励。

现在来谈谈高等教育中的女性。有三种观点很流行。从一个极端来看，任何高中都不会以同样的条件向男性与女性敞开大门。持有这种观点的人相信，不同性别可以在不同的机构以一种更好的方式来接受教育。深受长期的传统思想影响，这些人相信男女有别，女性应被保护起来。这可能释放了来自父母、兄弟、丈夫以及孩子的重负，一般来说，大多数女性都得选择承担和忍受。这些人想当然认为，绝对的男女合校教育看起来是一种倒退。但是可以预见，也许从今以后，女性很快就会拥有与男性同等的优势以追求接受高等教育。

从另一个极端来看，有一些人宣称，如果女性拥有平等的受教育机会，那么她们在法律、医学、神学、科学以及文学各类职业中就具有与男性平等的地位；目前，许多女性渴望得到上大学的机会，这将变得现实可行。对持有这种观点的那些人来说，男女合校教育看起来是非常必要的。

在这两个极端之间，还有另一种观点。持有这种观点的人认为，大学教学向两种性别都保持开放，但是，要求大学对男女施行差异化管理。联想到牛津大学、剑桥大学的做法，女性在学院中接受教育并学有所成，将有助于我们国家的发展，哈佛大学在这方面很有经验①，为很多人提供了问题的真实解决方法。实际上，除非承认女性接受教育的必要性，否则布林莫尔学院或者另一个女子学院不可能发展起来，不受欢迎的女子大学不可能发展起来。

和学科发展相比，大学里的住所问题看起来不那么重要。但实际上，这一问题对年轻人的教育，角色的发展，道德、思想与社会习惯的形成，是具有重要意义的。贫困、冷漠和漫不经心看起来仍然支配着我们的行为，原有的学院效仿英国，持有教师和学生应当寄宿的观念，导师可以通过寄宿实施一些监管——这种安排使每一个参观牛津大学和剑桥大学的人着迷。但是基于一些原因，这些惯例在美国变得日渐稀少。学校公寓已经变成了“宿舍”，全天候向外部世界开放，没有任何桌子或餐厅。公共食堂也被放弃掉，管理很糟糕。人们逐渐开始反思，当然，首先是在哈佛大学和耶鲁大学。罪恶都归结于宿舍，不管是正当的或是错误的，导致许多新建立的机构放弃了宿舍的使用，或者限制宿舍

① 现为拉德克里夫学院。——译者注

的引入。最近在许多地方，大学联议会为自己的成员提供了舒适的私人别墅。但在其他许多地方，还没有这样的规划。一个关于大学住所的实验仍然有待尝试：效仿牛津大学和剑桥大学，建立学校公寓。学者和教职员的房间在最上层，保护隐私，保持舒适，便于老师对学生开展监督。这种宿舍也能够接待访问者，还可以配置娱乐性设施。也许大学住所的下一个发展阶段就是学生宿舍的家庭化改造，这极具吸引力，但是要注意卫生条件的改善，舒适度的提高，而且不能过分奢侈。大学之间的竞争有好处，当然也有坏处，它可能会危及或限制高等教育机构的功用。这些强有力的机构永远应该维持团结一致，保持在目的和影响上的一致性，在发现、维护和传播真理上的一致性；因为研究领域就像天堂一样无穷无尽，人类社会的需求就像人类经验的教训一样多变，有资格接受高等教育的年轻人的数量成倍增长。大学之间的恶性竞争很愚蠢，应该进行限制，如同专利药品的供应商以及硬币博物馆的经理所采用的具有轰动效应的广告。当我们国家所有强有力的大学在知识传播方面都做到极致时，那么大学的功能将显现无疑。

一些有特色的“学院”的价值被低估，这一点值得注意。随着技术学校的数量增多，优点日益显现，很多专业化学校为招聘大量学者作为教员做好了准备，这些人在授课过程中被授予自由开展课程设计的权利。可以预见，它们的毕业生将接受更好、更专业的教育，具有很强的社会适应性。关于高等教育的其他问题，在这里显现出来。我只是表述出来，留给其他人进一步讨论。如大学生入学的适当条件是什么？什么年龄合适？通过什么样的方法，能够让课程选修体制得到很好的管理，让每个学生在自己的学术和职业选择上都能得到正确的指导？是不是应该更多地强调原有的通识教育理念，让这一理念受到更多重视，特别是在预备学校和专业化、技术型学校中。

关于出版方面，我也想谈谈自己的观点。在过去的若干年里，许多期刊的发行量都非常有限，不易获取；没有索引、评论、年鉴。将所属研究领域的期刊都购置好，对个体来说是一种浪费，对图书馆来说更是麻烦。当然，现在这一情况得到了彻底改观，但又给人们带来了甄别、选择的困难。为了解决这个问题，人们已经提出过不同的非常详细的计划，在这里我就不再做深入讨论。我想说的是，大学机构不应一味追求学术论文的发行数量，它们并不会从期刊名称中赢得更多的荣誉，重要的是其教职工对科学研究所作出的实质性贡献，以及这些贡献被国内外的重要学术权威所认可的程度。另外我还想说的是，学术观点的传播，不能以简单的印刷品的形式呈现，而应正式出版发行。在我们国家，如果位于最偏僻村庄中的某位学者作出了重大贡献和发现，暂且比喻为点亮了蜡烛或发现了宝藏，那么任何大学都会想聘请他；但是他必须把蜡烛放在烛台上，而且他的珍宝必须镶嵌好，才能够被人看到。他不能只是印刷宣传，必须在更大的范围内出版发行。

我们国家的大学发展历程令人欢悦和兴奋，大学和学院是我们未来的希望，那些从大学获益的人，一般来说会被发现而发挥物有所值的作用。他们对很多公共问题都持有正确的态度，他们接受的教育越通识化，他们的教师越博学，他们就会越坚定地反抗害怕进步的传统主义者，还有不听从历史声音的激进主义者。当大学中的法学教授被邀请参与关于一些问题的仲裁和咨询，影响到国家政局时；当文人学士作为美国人民的最佳代表，被派遣到欧洲富有教养的宫廷里展示我们的独特文化性时；当学金融的学生学有所成，协助政府的高级官员处理财政问题时；当传教士接受了语言学科的训练，精通掌握了东方的语言，变成了将西方理念输入东方国家的翻译者和介绍人时；当科学研究者愈发关注解决有关生命力量的世界性问题时；当新闻日报越来越乐意将自己的栏目开放，刊登有学问的人的成熟观点时；当普通学校和大学之间产生的障碍（我们很可能相信是轻微和暂时性的障碍），在我们国家的各个地方都消除时；当知识，尤其是精确的、科学的、综合性的知识，被看作是智慧和美德的载体时，我们国家大学的优越性显现无疑。这是已经发生的事情，我们的高等教育机构已经赢得应有的地位，它们有资格收获信心、赞美，还有所有美国人民的支持！综上所述，大学还将为我们的文明进步作出重要贡献，体现在以下五个方面：科学将会取代经验主义，消除愚昧的力量将会持续扩大，健全的政府将会建立起来，为优秀的年轻人提供接受更高级教育的机会，高尚的休闲享受将会得到保障。

第十二章

关于在华盛顿建立国立大学的建议

一封公开信

1897年发表于《世纪杂志》(*Century Magazine*)

下面这封信主要用于针对在华盛顿建立国立大学的可能性，发表一些自己的看法和观点。

在过去的若干年里，关于在华盛顿建立国立大学的可能性，由于约翰·D.霍伊特（John D. Hoyt）的大力推行实施，已经唤起了许多人的兴趣。他已经做出了清晰充分的陈述，这涉及首都地区的知识吸引力。这个观点的演化已从乔治·华盛顿时代延续至今，人们已经进行了仔细的研究。很多人或多或少地参与到推动高等教育的发展中来，或多或少地强调或表达出自身的观点；一个包括几位享有最高荣誉的绅士在内的小型委员会，扮演了促进机构发展的角色，已经起草、传播、修改了一项提案，并呈交给国会，希望得到讨论和考虑。目前已经通过了参议院立法的第一个阶段，处于暂停状态。

这证明了三件事情。

第一，这是一种强烈的愿望，不仅存在于华盛顿的人民，在全国范围内也拥有诸多热爱者和推动者，政府所属的图书馆、收藏品、工具、机构都应当向学生开放，不是单纯的作为场地支持或娱乐设施而短暂的开放，而是长期用于学习和实验。根据适用的规定，尤其是在如此能干的教师的指导下，这些政府设施已经投入服务中。就目前而言，大家对这一点所持的态度几乎是一致赞成的。

第二，大学位于华盛顿及这座城市附近，包括新英格兰的那些大学对其持有不赞成、不信任的态度。国会通过议案努力建立一所美国公立大学，在一些地方将会引起反对。在首都特区已经有古老的哥伦比亚大学，拥有自由宪章、建筑、基金会、教职工和校友；有同样富有活力的乔治城大学；天主教大学发展前景乐观，拥有罗马教皇的直接赞助，已经获得巨大的荣誉，有了一定的影响力；卫理公会大学如果能得到一个强有力的、影响广泛的以及受欢迎的宗教派别的帮助，也能迎面赶上；霍华德大学致力于非白种人的教育和福利；在骑马仅需一小时的距离内，约翰斯·霍普金斯大学提供了图书馆、实验室，且其有名望的师资独具优势。如果在这个区域另设一所大学，那么这些现存的大学机构将会呈现什么样的观点和态度？这些机构集体反对会带来何种后果？当问题最终形成时，宾夕法尼亚大学、哥伦比亚大学、普林斯顿大学、耶鲁大学和哈佛大学将持有什么观点？如果因此美国的政府资金不再拨款给大学教师和学生，那么伊萨卡、安阿伯、芝加哥、埃文斯通、明尼阿波利斯和其他西部学府的态度是什么？

第三，国会应该指导大学教育，在学术圈内外对这一原则都有着巨大的不信任。哪怕这种担忧是愚蠢的、容易被嘲讽，哪怕这种担忧可能是毫无根据的，我们也很难消除这种态度。有人对政治干预心存期待，他们认为在管理层面、在教职工层面、在学科和教学方法层面，都应有所涉及。这种情况是真实的，大学很难摆脱被动的身份。

这种矛盾的观点能够被调节？我们在尽量不引起已有大学的敌意、在不牵涉国会控制或政治干预的前提下，能否使首都地区的优质教育资源进一步发挥其作用和价值？

有一种方法可行——不是妥协的方式，而是联合的方式。

史密森学会的建立初衷就是为了“促进知识的广泛传播”，

这个机构拥有令人钦佩的、完美无缺的、超过半个世纪的历史记录。学会受到政府的资助，由校董委员会来进行管理，其成员主要基于校董会的智慧、特点与公共精神来选拔，还要考察他们促进人文学科和自然科学进步的利益诉求。他们从来没有显示出对任何教会、党派、派系的偏向，他们从来没有遭受过公众的恶意，他们得到了丰厚的个人馈赠，他们以科学的经济方法和谨慎的态度来管理基金，他们总是表现出进步性。类似地，每一个得以长期延续的管理机构都会使自身的计划与方法适应于时代发展的需要。

学会的第一任秘书开始撰写学术回忆录，否则他们的做法无法被公众知晓；他鼓励开展美国古迹和原住民的研究；他促进出版行业的国际交流；他开展天气观测计划，逐渐地，实体的气象局有了雏形。第二任秘书创建发展了两个伟大的机构，即美国鱼类委员会和国家博物馆，这都是史密森学会的产物。第三任秘书建立了动物花园，实施了对光的本质的基础性调查，进行了关于空中转移的重要研究，发现了“飞行机器”已经存在。

现在让史密森学会进一步发挥作用，发起一个计划。通过此计划，华盛顿的人文和科学机构能够关联起来。招收合格的生源，开展教育教学活动。如果能够提出计划并向大众加以合理的阐释，这些机构就会获得社会认可，并且资金也将很快到位。这个计划不需要多么昂贵的建筑和实验室，现有的支出将不会太多。因此，用以促进史密森学会继续发展的资金支持无疑将会持续。

这个计划的提纲，现在可以在进一步建议的基础上加以实施。首先，必须公开宣布这个服务分支的负责人，他应该是组织和行政主管，如果候选人已经有了很多职务在身，最好设置一位助理具体负责高等教学与研究；其次是编制说明目录，必须重新审视华盛顿的人文学科与自然学科的资源，必须清晰地说明这些资源的状态是可以公开的；必须招募一定数量的教师，付给其适当的报酬，使其在自身的专业领域给予教学和指导。另外，不应该提供普通或通识教育课程，而应实施某些特定的课程。因此，这所大学将没有公众都需要的课程，没有公共考试，没有学位。在另一方面，必须提供丰富的机会。任何个体，不管其性别、地域、年龄，他们先前获得的学位也不应受到任何质疑，应该具有公平的入学机会。

当然肯定会有反对的意见，即“这不是一所大学”。大学是什么？从词源学和来源看，简单来说大学是协会，是社团，是法人团体。大学几乎可以包含任何高贵的目的。大学这个术语，在发展过程中逐渐地确定为学者社团，即教师和学生的联合体，这也是大学理念的本质。

这样的学术社团在史密森学会的帮助和促进下能够顺利发展壮大，出现更少的摩擦和危机，花费更少的支出。相比12所神学院，或者一所巨型的美国大学，其发展前景更加可观，会为国家带来更大的发展优势。

这所大学相对于史密森学会及其传统的附属机构而言，能为我们提供更多的特殊机会，相隔较远或附近的每一所大学可能都乐于将自己的有前景的学生选送过来，寄宿几周、几个月甚至几年。而和大学没有关联的许多其他人，也有同样的机会来此学习，在学业上达到相当的熟练程度，获得学习和进步带来的愉悦和快感，拥有更大优势的发展前景。华盛顿当然也有难得的机会来承担起更大的教育责任，所实施的教育将涵盖历史学、政治学、文学、民族学、人类学、医学、农学、气象学、地质学、测量学和天文学领域。

图书在版编目（CIP）数据

美国大学的问题 / （美）丹尼尔·柯尔特·吉尔曼（Daniel Coit Gilman）著；兰玉译. -- 杭州：浙江教育出版社，2019.12
（新汉译世界高等教育名著丛书. 第一辑）
ISBN 978-7-5536-9876-2

Ⅰ. ①美… Ⅱ. ①丹… ②兰… Ⅲ. ①高等教育－教育研究－美国 Ⅳ. ①G649.712

中国版本图书馆CIP数据核字(2020)第012288号

责任编辑 江 雷 王晨儿　　美术编辑 韩 波
责任校对 谢 瑶　　责任印务 陈 沁

新汉译世界高等教育名著丛书(第一辑)
XIN HANYI SHIJIE GAODENG JIAOYU MINGZHU CONGSHU

美国大学的问题
MEIGUO DAXUE DE WENTI

[美]丹尼尔·柯尔特·吉尔曼 著　兰玉 译　邓磊 校

出版发行 浙江教育出版社
(杭州市天目山路40号 电话:0571-85170300-80928)
图文制作 杭州兴邦电子印务有限公司
印　　刷 浙江新华数码印务有限公司
开　　本 710mm×1000mm 1/16
印　　张 14.25
插　　页 2
字　　数 192 000
版　　次 2019年12月第1版
印　　次 2019年12月第1次印刷
标准书号 ISBN 978-7-5536-9876-2
定　　价 38.00元